El camino eterno

El camino eterno

Una guía paso a paso para la evolución espiritual

Swami Ramakrishnananda Puri

Mata Amritanandamayi Center, San Ramon
California, Estados Unidos

El camino eterno
Una guía paso a paso para la evolución espiritual
Por Swami Ramakrishnananda Puri

Publicado por:
Mata Amritanandamayi Center
P.O. Box 613
San Ramon, CA 94583
Estados Unidos

——————— *Timeless Path (Spanish)* ———————

Primera edición por MA Center: septiembre de 2016

En España: www.amma-spain.org
fundación@amma-spain.org

En la India:
inform@amritapuri.org
www.amritapuri.org

Dedicatoria

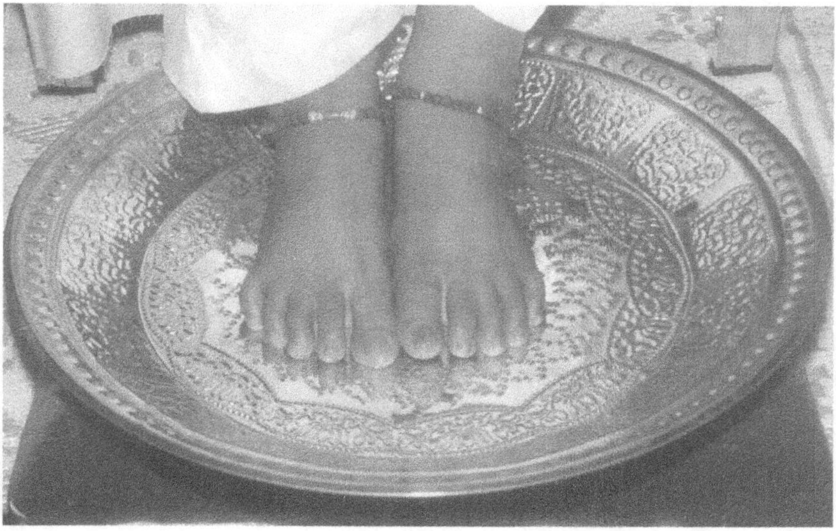

Ofrezco humildemente este libro a los pies de loto de mi Sadguru, Sri Mata Amṛtanandamayi.

Índice

Prólogo:

El camino eterno

Oh, Diosa, para que pueda llegar
a vivir en tu presencia,
guíame, por favor, por este camino eterno.
Hechicera del universo, por favor, guíame siempre.
Oh, encarnación de la conciencia,
la existencia y la dicha,
me postro ante ti con las manos unidas.

– Del bhajan *En Mahādevi Lokeśi Bhairavi* por Amma

A menudo se dice que la espiritualidad es un camino; pero, ¿dónde empieza y dónde termina realmente? ¿Adónde nos lleva? Además, ¿quién lo crea? ¿Es el propio buscador quien construye el camino abriéndose paso en la jungla con su machete solitario? ¿O se extiende ante nosotros, despejado por maestros del pasado? ¿Hay múltiples caminos o solo uno? Y, como hijos de Amma, ¿cuál es exactamente el camino que nos pone delante? Si la vida espiritual realmente es un viaje, todas estas son preguntas importantes.

En el *bhajan* que sirve de epígrafe a este prólogo, Amma le pide a Devi que la guíe por el *śāśvata mārga*. Śāśvata significa "eterno"; mārga significa "camino"; pero no hay que suponer que "eterno" significa que el camino no tiene fin. Lo que quiere decir Amma es que el propio camino espiritual es eterno, que sigue siendo el mismo para todas las generaciones y en todos los ciclos de creación.

A menudo se llama al hinduismo el *Sanātana Dharma*: el Camino de Vida Eterno. Eso es así porque se dice que los Vedas, las principales escrituras que detallan el camino espiritual, son *anādi*, sin comienzo, y *ananta*, siempre existentes. Los Vedas no son creaciones humanas, sino una parte eterna del universo. Como alguien dijo poéticamente, son "el aliento de Dios". No se formulan de nuevo en cada ciclo de creación, sino que "nacen" en la mente de los santos y los sabios, hombres y mujeres de mentes tan purificadas que los *mantras* y las verdades de los Vedas se les aparecen como si estuvieran escritos en el mismo viento. Son esos hombres y mujeres los que transmiten los Vedas a los primeros discípulos. De ese modo, siguen pasándose de generación en generación, en un linaje sin fin.

En este libro exploraremos este Camino Eterno, examinando de cerca sus principales vueltas y revueltas. También veremos que, aunque Amma nunca haya estudiado las escrituras, el camino que enseña es el mismo que se presenta en los Vedas y que se recapitula en escrituras tradicionales posteriores como la Bhagavad-Gīta. Como Amma dijo una vez a un periodista que le preguntó cuál era su enseñanza: "Mi camino es el camino de Śrī Kṛṣṇa[1]; no tiene nada de nuevo".

A lo largo de este libro veremos que los que muchos consideran caminos diferentes – *karma yoga*, meditación, *jñāna yoga*, etc.– son todos en realidad distintos aspectos de un único camino. Como dice Amma a menudo: "*Karma* [la acción], *jñāna* [el conocimiento] y *bhakti* [la devoción] son todos imprescindibles. Si la devoción y la acción son las dos alas de un pájaro, el conocimiento es su cola. Solo con la ayuda de los tres puede el pájaro elevarse hacia lo alto". El karma yoga y prácticas como la meditación impulsan hacia adelante a los buscadores espirituales, y la sabiduría de los maestros nos da la dirección adecuada.

Alguien como Amma, con verdadera visión espiritual, acepta todas las religiones y comprende el lugar adecuado que sus prácticas tienen en el gran plan del único camino. Como Amma

[1] "El camino de Kṛṣṇa" como se presenta en la Bhagavad-Gīta era una recapitulación del camino védico.

explicó en la Asamblea General de las Naciones Unidas de Nueva York, en el 2000: "El objetivo de todas las religiones es el mismo: la purificación de la mente humana".

Los hinduistas tienen sus sistemas de purificación mental, los budistas los suyos, los cristianos los suyos, y lo mismo los judíos, los jainistas, los musulmanes, etc. El Sanātana Dharma los acepta todos. Sin embargo, al final, cuando la mente se ha purificado, el buscador espiritual debe trascender todas esas prácticas y llegar a entender su verdadera naturaleza. Porque solo así llega el buscador al final del Camino Eterno. Después de todo, igual que los Vedas y el camino que exponen, también se dice que la ignorancia espiritual no tiene comienzo; pero, a diferencia de los Vedas, la ignorancia sí que tiene fin. Este llega con la gozosa comprensión de que lo que es verdaderamente eterno es en realidad nuestro propio Ser.

Śrī Mātā Amṛtānandamayi

"Mientras tenga fuerza suficiente para tender la mano a los que acuden a mí, para poner la mano en el hombro de una persona que llora, Amma seguirá dando darśan. Acariciar con amor a la gente, consolarles y enjugarles las lágrimas hasta el final de este cuerpo mortal, ese es el deseo de Amma".

—Amma

Mediante sus actos extraordinarios de amor y autosacrificio, Śrī Māta Amṛtānandamayi Devi o "Amma" [Madre], como se la conoce más comúnmente, se ha granjeado el cariño de millones de personas de todo el mundo. Acariciando tiernamente a todos los que llegan a ella, sosteniéndoles cerca de su corazón en un amoroso abrazo, Amma comparte su amor sin límites con todos, independientemente de sus creencias, su posición social o de por qué hayan acudido a ella. De esa manera simple, pero poderosa, Amma está transformando la vida de innumerables personas, ayudándolas a que sus corazones florezcan, abrazo tras abrazo. En los últimos treinta y siete años, Amma ha abrazado físicamente a más de veintinueve millones de personas de todo el mundo.

Su espíritu incansable de dedicación a elevar a los demás ha inspirado una inmensa red de actividades benéficas, mediante las cuales las personas están descubriendo la profunda sensación de paz y de satisfacción interior que se experimentan sirviendo desinteresadamente a los demás. Amma enseña que lo divino existe en todo, tenga o no conciencia. Comprender esa verdad es la esencia de la espiritualidad, el medio de acabar con todo sufrimiento.

Las enseñanzas de Amma son universales. Siempre que se le pregunta por su religión, responde que su religión es el amor. No le pide a nadie que crea en Dios o que cambie su fe, sino solo que investigue su propia verdadera naturaleza y que crea en sí mismo.

Capítulo 1

Por qué acude la gente a Amma

"Igual que nuestro cuerpo necesita alimento adecuado para vivir y desarrollarse, nuestra alma necesita amor para florecer. La fuerza y el alimento que el amor puede dar a nuestra alma son aún más poderosos que el poder nutritivo de la leche materna para un bebé".

—Amma

Si asistes a uno de los programas de Amma, una de las primeras cosas que verás es que la gente acude a Amma de todas partes: de todas las religiones, todos los países y todas las situaciones sociales. Algunos llevan décadas en el camino espiritual; otros no han cogido un libro espiritual en su vida. Algunos vienen porque sufren mental, física o materialmente y esperan que Amma pueda ayudarles. Algunos simplemente tienen curiosidad. Quizás hayan visto a Amma en el periódico o por televisión y quieran ver por sí mismos qué es esa "Santa de los abrazos". También hay buscadores, tanto principiantes como expertos. Creen que como Amma es una maestra espiritual iluminada puede llevarles a la meta última de la vida humana: el conocimiento del Ser.

La mayoría de la gente viene a ver a Amma porque tiene algún problema y espera que ella pueda solucionarlo. En la Bhagavad-Gīta Kṛṣṇa llama *ārtas* a las personas que acuden a Dios o a un *mahātma* para ser rescatadas de situaciones desesperadas. Al comenzar sus charlas públicas, Amma a menudo empieza dirigiéndose a esas personas diciendo: "Amma sabe que el noventa por ciento de las personas que hay aquí están sufriendo física o emocionalmente. Algunas no tienen trabajo. Otras tienen empleo, pero necesitan un aumento de sueldo. Otras no pueden encontrar pretendientes para sus hijas. Otras están inmersas en cuestiones legales. Otras no tienen dinero para comprar una casa. Otras tienen casas pero no pueden venderlas. Algunas tienen enfermedades incurables..." Amma les dice a esas personas que preocuparse no sirve para nada, que hacerlo es como mirar una herida y llorar. Les dice que preocuparse solo agrava la situación y que lo que hay que hacer es aplicar un medicamento. Les aconseja que se esfuercen todo lo que puedan y que después se entreguen a la voluntad de Dios, dejándole que lleve el peso de sus cargas.

De hecho, muchas de esas personas comprueban que sus problemas se remedian en distintas medidas: mujeres que nunca han podido concebir un hijo de repente se quedan embarazadas; personas que están envueltas en batallas legales y que le rezan a Amma ven con frecuencia que la balanza se inclina a su favor; se alivian los problemas financieros; incluso ha habido casos en los que enfermedades físicas disminuyen o desaparecen completamente. Cuando se le pregunta por esas cosas, Amma no acepta ninguna responsabilidad sino que simplemente atribuye todos esos sucesos a Dios y al poder de la fe de los individuos.

Y lo mismo sucede con los que Kṛṣṇa llama *arthārthis*. Esas personas vienen a Amma no para que las salve del peligro, sino para que les ayude a satisfacer sus deseos materiales. "Amma, ayúdame a entrar en la facultad". "Amma, por favor, haz que mi negocio tenga éxito". "Amma, ayúdame a conseguir el visado". "Por favor, ayúdame a conseguir que me publiquen el libro". Los arthārthis ven a Amma como un canal de la gracia y siempre comparten con ella sus deseos. Aquí también, a menudo, vemos a esas personas volviendo la semana, mes o año siguiente, sonriendo y agradeciéndole a Amma que haya hecho realidad sus oraciones.

¿Cómo es posible todo esto? Si recurrimos a los Vedas, vemos que recomiendan categóricamente acercarse a un mahātma para satisfacer los propios deseos.

yaṁ yaṁ lokaṁ manasā saṁvibhāti
viśuddha-sattvaḥ kāmayate yamśca kāmān ।
taṁ taṁ lokaṁ jayate tamśca kāmāṁ-
stasmād-ātma-jñāṁ hyarcayedbhūti-kāmaḥ ॥

"El hombre de mente pura obtiene esos mundos que quiere mentalmente y las cosas placenteras que desea. Por eso, quien desee prosperidad debe adorar al que conoce el Ser".

Muṇḍaka Upaniṣad, 3.1.10

La idea es que un mahātma puede conseguir cualquier cosa que "desee" por el poder de su *saṅkalpa* [resolución deliberada]. Sin embargo, cuando las escrituras hablan de "pureza de mente" se refieren a una mente libre de todo deseo. Eso quiere decir que, como carece de deseos propios, un mahātma hace suyos con agrado los deseos de los que le piden y los bendice en consecuencia.

Eso no significa que se cumplan los deseos de todos. En cierta medida, el *prārabdha karma* [destino basado en las acciones pasadas] desempeña un papel en este proceso. Sin embargo, Amma es una madre, y, ¿qué madre no quiere que sus hijos sean felices? Si le pides algo que deseas y no hace daño a nadie y está de acuerdo con el *dharma* [rectitud], seguro que hará todo lo que pueda para ayudarte, o mediante sus proyectos humanitarios, o con su consejo, o por el poder de su resolución.

Algunas personas pueden pensar que no es correcto acudir a Amma por esas cosas mundanas; pero en la Gītā, Kṛṣṇa califica de "nobles" tanto a lo*s ārtas como a los arthārthis* y dice que el mismo hecho de que estén recurriendo a Dios en busca de alivio y satisfacción material demuestra que han realizado numerosas buenas acciones en esta vida o en vidas anteriores. Sin embargo, esa devoción tiene sus limitaciones y las escrituras nos dicen que, aunque está bien empezar la vida con esa mentalidad, no debemos dejar que termine ahí. Esa devoción no es muy estable. Cuando las oraciones de esas personas no encuentran respuesta, rara vez regresan. E incluso cuando esas personas logran aquello por lo que vinieron, a menudo vuelven a su vida habitual, olvidándose de Amma (hasta que llegue el siguiente problema, claro). Debemos tratar de evolucionar, de buscar en Amma los tesoros más preciosos que tiene para ofrecer.

Esto nos lleva al siguiente grupo de personas que vienen a ver a Amma: los *jijñāsus*, los buscadores de conocimiento. El jijñāsu es un devoto de un calibre distinto. Entiende que, aunque se remedien sus problemas, más problemas vendrán. Además entiende las limitaciones de los logros mundanos. Ve a Amma como a una *sadguru*, una maestra iluminada que puede servir como medio para alcanzar la paz y la felicidad, no solo temporales sino definitivas.

De hecho, las escrituras nos dicen que la devoción de todos empieza como la de un ārta, después evoluciona hasta la de un arthārthi y solo después progresa hasta la de un jijñāsu[1]. Esos estados representan un avance en la comprensión y la concentración del devoto. Algunas personas han recorrido esa evolución en vidas anteriores e inician la relación con Amma como buscadores de la Verdad. Otros no evolucionan hasta esta vida. A otros todavía les harán falta vidas futuras.

Si investigamos, vemos que algunas personas acuden a Amma buscando un objetivo material, pero salen de su primer *darśan* buscando lo supremo. Eso se debe a un *samskāra*, una inclinación latente hacia la vida espiritual procedente de vidas pasadas. Ese samskāra ha estado esperando ahí, justo debajo de la superficie de la mente consciente, a que lo despertara el toque, las palabras o la mirada de un mahātma. Suena bastante místico, pero podemos encontrar el mismo fenómeno en muchos ámbitos de la vida, no solo en la espiritualidad. Muchos grandes escritores,

[1] Se dice que es mejor ser un *arthārthi* que un *ārta* porque el arthārthi busca a Dios cuando desea algo, es decir, bastante a menudo, mientras que el ārta solo piensa en Dios cuando está en un apuro.

músicos, atletas y científicos no muestran predilección por sus respectivos campos hasta que de repente esa pasión se inflama con una determinada novela, concierto, entrenador, etc. Desde entonces nadie puede disuadirles.

Cuando vine a ver a Amma por primera vez no me interesaba la espiritualidad. Como crecí en una comunidad ortodoxa de brahmanes, era "religioso". Hacía *sandhyā-vandanam*[2] y otras prácticas hinduistas ortodoxas; pero solo consideraba esas prácticas como medios para satisfacer mis deseos materiales. Quería haber sido médico, pero no había sido admitido en la facultad de medicina por muy poco. Abandonando ese sueño, había empezado a trabajar hacía poco en un banco y me habían destinado a una sucursal en un pueblecito llamado Harippād. Eso me irritaba mucho, porque no solo no estaba en la facultad de medicina, sino que además tenía que trabajar en un lugar diminuto en el que, en aquella época, no había ni verdaderos restaurantes.

Lo que quería más que nada era ser trasladado a otra sucursal del banco, en alguna ciudad. Cuando oí hablar de Amma (cuyo *āśram* estaba situado a unos veinticinco kilómetros al sur de Harippād), pensé que quizás podría emplear un poco de su magia y conseguir que me trasladasen. Así que un día tomé un autobús a Parayakaḍavu y fui al darśan de Amma.

Cuando llegué, Amma estaba en Kṛṣṇa Bhāva[3] . El templo familiar donde Amma realizaba el darśan estaba justo a la derecha del establo. Al ver a Amma vestida como el Señor Kṛṣṇa, no estaba seguro de lo que pasaba. Sin embargo, me sentía muy tranquilo. Cuando fui al darśan de Amma, antes incluso de que yo pudiera decir nada, Amma me dijo:

—Vaya, tienes un problema con el trabajo.

---

[2] Una sucesión ritualista de oraciones y postraciones realizada al atardecer y al amanecer.

[3] Una forma especial de *darśan*, en el que Amma adoptaba el atuendo y la actitud de Śrī Kṛṣṇa.

Entonces me dio un gran puñado de florecillas rojas y me dijo que ofreciera cuarenta y ocho de ellas sobre la cabeza de Devi cuando Amma saliera en Devi Bhāva[4] más tarde esa noche (para mi sorpresa, cuando conté el puñado de flores que Amma me había dado, había exactamente cuarenta y ocho).

En aquellos días, cuando Amma salía en Devi Bhāva, primero bailaba delante del templo. Así que, cuando Amma estaba bailando, ofrecí las flores como me había dicho. Cuando el baile hubo terminado, me puse en la cola para recibir el Devi darśan de Amma. Esta vez, cuando Amma me abrazó, me eché a llorar. Me conmovieron mucho el amor, la compasión y la bondad de Amma. Amma me dijo que me sentara al lado de su silla. Lo hice, y en ese momento me inició en un *mantra* sin que yo se lo hubiera pedido. Al cabo de un rato, Amma me pidió que meditara un poco. Le dije que nunca antes había practicado meditación. Me dijo que sería suficiente con que cerrara los ojos, así que decidí probar.

Después de lo que yo creía que habrían sido unos diez minutos, abrí los ojos, pensando que a otras personas también les gustaría sentarse al lado de Amma. Cuando lo hice, no estaba allí ninguna de las personas que antes habían estado sentadas a mi alrededor. Miré el reloj. ¡Habían pasado dos horas! Pensé que no podía ser cierto, que mi reloj debía de estar mal, así que le pregunté la hora a un hombre que estaba sentado a mi lado. Me lo confirmó: ¡había estado meditando dos horas! Confundido, me levanté, ofrecí mi *praṇām* [postración] a Amma y volví a Harippād.

Al día siguiente, sencillamente no pude ir a trabajar. Me sentía embriagado, a la deriva en una nube de paz y felicidad. Temía que si iba al trabajo, donde mi tarea principal era contar dinero, sería un desastre. Por eso llamé para avisar que estaba enfermo y ni siquiera salí de casa. Los únicos pensamientos que tenía en la mente eran sobre Amma y la tranquilizadora paz de su darśan. Al día siguiente volví a decir que estaba enfermo. Solo al tercer

[4] Amma dando *darśan* con el atuendo y la actitud de la Madre Divina del Universo.

día decidí que tenía que volver a ver a Amma. Después de eso, simplemente llamé para decir que estaría enfermo el resto de la semana y pasé todo el tiempo que pude con ella. Todas mis prioridades habían cambiado. Amma había desencadenado el comienzo de una inclinación espiritual en mi interior. Yo no fui el único caso. Muchos de los discípulos de Amma que ahora son los *swāmis* [monjes] principales acudieron inicialmente a Amma con algún deseo material; pero pronto se encontraron buscando lo supremo.

Algunas veces ese cambio se produce rápidamente; otras lleva su tiempo. En algunos el *samskāra* puede no ser tan profundo; pero, no obstante, se apegan bastante a Amma, al calor de su cariño y su atención, a su bondad y su darśan, etc. Esas personas vuelven a ver a Amma siempre que pueden y poco a poco su relación con ella se vuelve más profunda. Empiezan a intentar poner en práctica las enseñanzas de Amma. Quizás Amma les inicie en un *mantra* o les anime a empezar a participar en algún proyecto de servicio desinteresado del āśram. A medida que su mente se va purificando más y más y su comprensión espiritual se va volviendo más profunda, sus prioridades van cambiando gradualmente. Poco a poco van descubriendo que les interesan más los objetivos espirituales que los mundanos.

Algunas veces ese cambio de perspectiva se produce incluso cuando se reciben las bendiciones materiales de Amma. Había un devoto de Estados Unidos que había escrito una novela y se moría por que se la publicasen. Le trajo el manuscrito a Amma. Amma le sonrió y tocó el libro reverentemente con la frente. Pocas semanas después, el devoto llegó a un acuerdo con un importante editor. Estaba extasiado. Antes de que se diera cuenta, su libro estaba en las estanterías de las librerías de todo el país; pero no tardó mucho en darse cuenta de que, a pesar de ser un autor publicado, todavía se sentía incompleto. Reflexionando sobre ello, se percató de que, aunque Amma le concediera todos sus deseos, ese sentimiento seguiría ahí. Vio claramente la realidad de que solo conociendo el Ser sentiría la paz y la satisfacción que anhelaba.

La propia Amma es la mayor inspiración para seguir el camino espiritual. Vemos la paz, la felicidad y la satisfacción que claramente irradian de ella y nos quedamos perplejos. Aquí vemos a alguien que trabaja veinticuatro horas al día, no tiene salario, carece de posesiones, solo viste con ropa sencilla y aún así es infinitamente más feliz que cualquier persona creativamente productiva, económicamente rica y físicamente fuerte del mundo. Al observar a Amma, rápidamente nos damos cuenta de que tiene que conocer un secreto sobre la felicidad que nosotros todavía tenemos que descubrir. Ante esto, pronto nos sentimos más interesados en aprender ese secreto que en conseguir beneficios materiales finitos.

En la Bṛhadāraṇyaka Upaniṣad se nos presenta un escenario en el que la esposa de un *ṛṣi* [sabio] se ha dado cuenta del hecho de que su marido posee ese conocimiento y se niega a conformarse con nada inferior a ser su discípula. El nombre del ṛṣi es Yājñavalkya, y el de la mujer, Maitreyi. Yājñavalkya también tiene una segunda esposa, Kātyāyani. De las dos, Maitreyi tiene inclinaciones bastante espirituales, mientras que Kātyāyani es materialista. Un día Yājñavalkya le informa a Maitreyi de que va a tomar *sannyāsa* [renuncia] y poner fin así a su relación con ella y Kātyāyani. Cuando les empieza a explicar cómo va a repartir sus propiedades entre las dos mujeres, Maitreyi dice de repente:

—Señor, si tuviera todo el dinero que hay en el mundo entero, ¿me volvería inmortal[5]?

Yājñavalkya dice que no. Al oírlo, Maitreyi le dice audazmente que si no puede volverla inmortal no tiene ningún valor para ella. Sabiendo que su marido es una verdadera mina de sabiduría espiritual, Maitreyi dice:

—Solo me interesa tu conocimiento. Dime lo que sabes.

[5] Con la palabra "inmortal" se alude a la felicidad eterna.

Maitreyi tenía verdadera *jijñāsa* [sed de conocimiento]. Entendía el verdadero valor de un sadguru y no quería desperdiciar la valiosa oportunidad que tenía ante sí.

Algunas de las personas que vienen a ver a Amma estaban sedientos del conocimiento del Ser antes incluso antes de conocer a Amma. Comprendiendo que un sadguru es imprescindible para cualquier buscador serio, acuden a Amma con la intención de buscar su guía. Esas personas ven en Amma una verdadera panacea espiritual. Por medio de ella encuentran maneras de dedicarse al servicio desinteresado, se les dan técnicas de meditación, se les inicia en mantras y se les da la oportunidad de forjar un vínculo más profundo con una maestra espiritual viva que no rechaza a nadie, sean cuales sean sus aptitudes espirituales. Además, mediante sus charlas y sus libros, Amma ayuda a despejar el camino que lleva a la meta última de la vida, eliminando las distintas confusiones e ideas equivocadas sobre la espiritualidad que predominan demasiado en la actual "era de la información". Esas personas salen de su primer encuentro con Amma sintiendo que realmente les ha tocado "el gordo" espiritual.

Muchos de esos buscadores son relativamente nuevos en la vida espiritual; pero otros llevan décadas recorriendo el camino espiritual: *sannyāsis*, monjes budistas y cristianos, etc. Acuden a Amma con la esperanza de recibir sus bendiciones y lograr una comprensión más profunda. Y en presencia de Amma, mediante la poderosa vibración pura creada por ella, realmente experimentan niveles más profundos de claridad que los que habían conocido previamente. Además, al pasar tiempo con Amma, esas personas reciben una inmensa inspiración, ya que en Amma por fin se encuentran cara a cara con alguien que claramente ha alcanzado el objetivo al que ellos han dedicado su vida. Eso les ayuda a seguir avanzando por el camino con más entusiasmo y vigor.

Hace muchos años un importante sannyāsi de una organización espiritual muy conocida vino al āśram de Amma. Recuerdo que lo mire antes de que entrara en la habitación de Amma.

Acertada o equivocadamente, pensé que había algo en él que parecía un poco engreído; pero cuando se marchó unas horas más tarde, vi huellas de lágrimas en sus ojos. Le pregunté cómo había ido su encuentro con Amma. Me respondió:

—Hoy siento como si toda mi vida de búsqueda espiritual haya finalmente levantado el vuelo.

En realidad, hay otro grupo de personas que vienen a ver a Amma: los cínicos. Esas personas piensan: "¡Aquí hay algo sospechoso! No es posible que esta señora pueda ser realmente tan desinteresada y compasiva. Iré allí y destaparé todo el asunto". Siempre han venido a ver a Amma personas así. Si tienen cerrado el corazón, van de un lado para otro mirando con desprecio durante un rato y luego se van; pero si hay siquiera un pequeño espacio abierto en su interior, Amma lo encontrará y plantará una semilla que pronto germinará. Es lo que pasó con uno de los *brahmacāris* más antiguos de Amma. Estudiaba en una prestigiosa escuela de cine en Pune. En sus años de universidad había hecho amistad con un grupo de estudiantes comunistas y, como tal, estaba completamente en contra de la religión, la espiritualidad y, particularmente, los "santos vivientes". Cuando su familia le animó a visitar el āśram de Amma, accedió de buena gana, pensando que aprovecharía la oportunidad para investigar con la finalidad de hacer una película sobre "santos farsantes". Sin embargo, mientras miraba a Amma con su ojo de director de cine, el ojo de Amma le encontró a él. No pudo evitar ver que Amma estaba sacrificando su descanso y su comodidad para llevar luz y amor a la vida de los demás. Pronto se contó entre sus discípulos.

Aunque superficialmente esos grupos de personas parecen venir por razones distintas, Amma dice que en realidad todos, no solo los que acuden a Amma, sino todas las personas del mundo, buscan la misma cosa: experimentar la plenitud del Ser. Amma dice que ese vivo deseo es lo que nos impulsa hacia adelante en la vida. Es la motivación de nuestras amistades, la motivación de nuestros matrimonios, nuestros divorcios, de que tengamos hijos, sigamos una carrera o la cambiemos, compremos casas, coches, vayamos al cine... Todos están luchando por lo mismo. Pero la plenitud que buscamos, tanto el aspirante espiritual como el materialista, no es algo finito. Es infinita, tan extensa como el universo entero. Y nadie puede llegar a lo infinito haciendo cuentas con una lista de cosas finitas. Hasta veinte billones multiplicados por veinte billones dan un número finito. Mientras busquemos esa felicidad en el mundo material, nunca lograremos la plenitud que estamos buscando.

Si estás leyendo este libro, probablemente tendrás al menos algún nivel de *jijñāsa* [sed de conocimiento espiritual]; en caso contrario, estarías leyendo otra cosa. Pero todos deberíamos reflexionar sobre cuánto de jijñāsu [buscador de la Verdad] hay en nosotros. Si hacemos introspección, veremos que todos vamos y venimos entre los tres tipos de devoción tratados en este capítulo. Hay momentos en los que somos buscadores sinceros y hay momentos en los que nuestro enfoque se vuelve más materialista. Cuanto más nos sintonicemos con Amma, más veremos que la búsqueda del conocimiento espiritual se convierte en lo principal para nuestra voluntad. Sea cual sea nuestro nivel de devoción, Amma nos acepta a todos incondicionalmente. Eso forma parte de su grandeza. Como sabe que en la mayoría de nosotros la jijñāsa no está completamente encendida, Amma nos anima a compartir con ella nuestros temores y deseos, a acudir a ella con nuestra devoción de ārta y arthārthi. De esa forma, puede entrar en todos los aspectos de nuestra vida y, así, ayudarnos mejor en nuestra evolución espiritual. Con nuestro esfuerzo y la gracia de Amma, nuestra devoción puede trascender incluso la jijñāsa y llegar a la cúspide de la devoción: el *jñāna*, un conocimiento por el cual entendemos que todo, fuera y dentro de nosotros, es divino.

Capítulo 2

El vínculo que destruye todos los vínculos

"La relación que se establece entre un sadguru y un discípulo es incomparable. No hay nada igual. Ejerce una influencia irreversible sobre el discípulo. En esa relación el discípulo nunca puede sufrir ningún daño".

—Amma

La relación que se desarrolla con un *sadguru*, un maestro espiritual iluminado, no es como ninguna otra. Esto se debe a que es la única clase de relación en la que una persona lo da todo y la otra solo recibe. Quizás la relación entre una madre y un hijo sea la más parecida.

Algo que sucedió recientemente en Amṛtapuri demuestra este principio. Amma estaba dando darśan a una enorme multitud. De hecho, toda esa semana los darśans habían durado hasta altas horas de la madrugada, repitiéndose de nuevo el proceso solo unas horas más tarde. Al verlo, un devoto indio de Estados Unidos se acercó a Amma. Le dijo:

—Amma, ¿por qué no te tomas unas vacaciones? Quizás podrías irte a Hawaii y relajarte en la playa. Nosotros, los devotos, lo pagaríamos y podrías dejar descansar a tu cuerpo durante una semana o así.

Amma se rió de la sugerencia del hombre y le sonrió con compasión. Entonces le dijo:

—¿No tienes un hijo? Si estuviera enfermo, triste o te necesitara, ¿serías capaz de simplemente irte a la playa? Por supuesto que no. Te quedarías con él, lo consolarías y le ayudarías a sentirse mejor. Eso es lo que pasa con Amma. Todos son mis hijos y no puedo dejarlos para irme de vacaciones.

De modo que una sadguru como Amma realmente es una *amma*, una “madre”, por su amor y su compasión y el deseo de elevar a sus discípulos. Pero hay una diferencia, porque una madre corriente recibe una alegría tremenda de su hijo y de la experiencia de ser madre, mientras que una sadguru está llena y completa con o sin discípulos. Además, en la relación con una sadguru se puede tener plena fe y confianza, no solo porque ama al discípulo incondicionalmente, sino porque su comprensión del pasado, el presente y el futuro del discípulo es tan clara que puede guiarle con una intución que de otra manera sería imposible. Nuestra madre biológica puede amarnos, pero su visión es limitada y su consejo es a menudo parcial debido a su excesivo apego.

También podemos ver esas limitaciones en las relaciones con terapeutas o psicólogos. Hay un joven devoto de Estados Unidos que es muy aficionado a la música de rock heavy-metal. Hace unos años, en una de las giras de verano de Amma, me habló de un documental que había visto recientemente sobre uno de sus grupos favoritos de heavy metal. Parece que en un momento dado la relación entre los miembros del grupo se había deteriorado tanto que habían decidido contratar a un terapeuta para que los ayudara. Además, el grupo tenía una sensación de estancamiento creativo. La película documentaba las sesiones de terapia que realizaba el grupo para superar esos problemas. El devoto me explicó que al ver la película hubo un momento muy concreto en el que percibió una asombrosa diferencia entre la terapia de un psicólogo y la clase de ayuda que Amma ofrece. Hacia al final de la película, el grupo le dijo al terapeuta que les parecía que ya no iban a necesitar sus servicios. El devoto me dijo que la reacción del terapeuta, al que el grupo pagaba cuarenta mil dólares mensuales por estar de guardia, lo dijo todo. El terapeuta se había vuelto completamente dependiente del grupo: dependiente de sus cheques mensuales, de la fama y el prestigio que le llegaban por el trabajo, dependiente de toda la situación. El grupo ya no necesitaba al terapeuta, pero ahora el terapeuta necesitaba al grupo.

El vínculo que establecemos con Amma no es así. Es incomparable porque es un vínculo que nos libera de todos los vínculos. Es una dependencia que lleva a la independencia total. Puedo decir que, sin lugar a dudas, más que ninguna otra cosa, lo que me ha mantenido centrado en la vida espiritual ha sido mi vínculo con Amma. La relación entre el *guru* y el discípulo es la verdadera fuente de apoyo y de fuerza para un buscador.

Poco después de conocer a Amma, ella se convirtió en el único centro de mi vida. Inmediatamente quise renunciar a mi puesto en el banco donde trabajaba. Sin embargo, Amma me dijo que debía seguir trabajando unos cuantos años más. Me aconsejó que viera a todos los que iban allí como si la propia Amma los enviara. De esa forma, mi trabajo en sí se convertiría en una práctica espiritual. Aparte de eso, Amma no me mandó ninguna práctica espiritual. Iba al āśram por la tarde y también pasaba allí el fin de semana. En aquella época, alrededor de Amma las cosas eran muy poco rígidas. Aparte de los *bhāva darśans*, que se celebraban los domingos, martes y jueves, no había horas fijas para ver a Amma. La gente simplemente venía cuando quería. En aquellos tiempos, los demás jóvenes y yo (que finalmente nos convertimos en los primeros discípulos monásticos de Amma) básicamente solo "pasábamos el tiempo" con Amma. Más que en "la espiritualidad" estábamos interesados en Amma, en su amor y su cariño maternales. Y a Amma tampoco parecía interesarle presionarnos para que hiciéramos prácticas espirituales. Amma nos había iniciado a todos en *mantras* y nos había enseñado a meditar, así que realizábamos esas prácticas un rato cada día; pero no había nada reglamentado, como una disciplina. Aparte de eso, solo hacíamos lo mismo que Amma. Si ella se sentaba a meditar, nosotros intentábamos meditar con ella. Cuando cantaba *bhajans*, lo que sucedía al menos cada atardecer, nos uníamos a ella. Eso era todo.

Amma jugaba con los niños a juegos de pueblo, como *kabaḍi* y *kottu kallu kaḷi*, y nos sentábamos a mirarla, riéndonos y disfrutando de la belleza y la pureza de las interacciones de Amma con los niños. De vez en cuando le hacíamos alguna pregunta espiritual; pero, para ser honesto, la mayoría de nosotros no estábamos muy interesados. Amma nos contaba lo que había hecho el día anterior, cosas que habían pasado en el pueblo, quizás historias sobre visitas a las casas de distintos devotos. No era una relación de guru y discípulo. Era más como una amistad o una relación entre una madre y sus hijos. Hablábamos con Amma con mucha libertad, incluso discutíamos con ella. No teníamos ni idea de la forma correcta de comportarse con un maestro espiritual. Si Amma hacía alguna tarea, la ayudábamos. Si cocinaba, la ayudábamos a cocinar. Cuando los devotos venían a hablar con Amma, nos sentábamos alrededor y escuchábamos.

En aquella época no nos dábamos cuenta de lo que estaba sucediendo. Simplemente hacíamos lo que queríamos. Pero, como siempre, Amma estaba funcionando en el nivel más elevado de comprensión y conciencia. Amma ama, pero su amor es muy inteligente. Si nos hubiera impuesto una disciplina desde el principio, muchos habríamos salidos disparados por la puerta. Nos estaba vinculando con ella en secreto con el hilo de seda irrompible de su amor.

Cuando contamos historias como estas sobre los viejos tiempos, muchos devotos casi se derriten pensando en esa vida con Amma. Es cierto, fue una época dorada y mágica. Mentiría si os dijera lo contrario. Sin embargo, no hay que ponerse triste pensando que lo que teníamos entonces ya no lo tenemos hoy. Es verdad que el número de personas que viene a ver a Amma es mucho mayor ahora; pero, si os fijáis lo que Amma está haciendo en sus programas, es exactamente lo mismo que hacía entonces con nosotros. Igual que nos sentábamos a mirar cómo Amma jugaba con los niños, hoy los devotos miran a Amma mientras sujeta a los niños que traen para el darśan, cómo les mordisquea las mejillas y los dedos de los pies. Igual que hablábamos con Amma de distintas cosas mundanas, así también Amma entabla todavía conversación con personas que vienen al darśan y se sientan a su alrededor hablando desenfadadamente de distintos asuntos, como por ejemplo sobre los lugares en los que ha tenido programas y las cosas que han pasado en ellos. Y durante los programas de Amma, ¿qué hace todo el mundo? Cuando Amma medita, meditan; cuando Amma canta bhajans, cantan bhajans. Y cuando Amma realiza ocasionalmente distintas tareas de limpieza, sea en el darśan o al final del Devi Bhāva, todos se le unen, igual que hacíamos antiguamente. Por tanto, aparte del número de personas que acuden, nada ha cambiado realmente. Además, aunque tengamos menos interacciones personales con Amma, de algún modo el *saṅkalpa* [resolución] de Amma se adapta a esto. Si estamos abiertos, nuestro vínculo con ella se hará tan sólido como lo sería si Amma tuviese más tiempo para pasar con cada uno de nosotros individualmente.

Por supuesto, el darśan de Amma es central para profundizar nuestro vínculo con Amma. En los brazos de Amma nos sentimos liberados de todas las cargas. En la paz de ese abrazo experimentamos una innegable sensación de unidad con Amma. De hecho, el darśan de Amma produce una impresión increíble en las personas porque les permite saborear realmente a Dios, saborear su propio Verdadero Ser. Para muchos esta es una experiencia reveladora que reorganiza sus prioridades vitales. Es como si se retirase el alfiler que servía de eje al mundo de cada uno y se volviera a colocar en otro lugar.

En apariencia es algo raro: dejar que un completo desconocido te abrace. Sin embargo, nadie muestra reticencia ni sentimientos de timidez o incomodidad cuando se acerca a Amma por primera vez para el darśan. Es como si estuvieran abrazando a su madre, o incluso a su propio Ser. Se van sintiendo que han conocido a Amma toda la vida. Eso es así porque el primer darśan es el comienzo de una relación sin comienzo.

Un minuto que se pase mirando a Amma nunca es un minuto perdido. Se pueden aprender muchos principios espirituales observando sus acciones y reflexionando sobre ellas. De hecho, aprendemos mucho más por el ejemplo de alguien que por sus palabras. Si un padre le dice a su hijo que no fume, pero él fuma, sus palabras no hallarán mucho eco. Sus acciones hablan mucho más alto que sus palabras. Así también, cuando pasamos tiempo mirando cómo Amma interactúa con la gente, descubrimos que naturalmente empezamos a absorber algunas de sus cualidades, sean exteriores o interiores. Es como Amma dice: "Si vas a una fábrica de perfumes, la fragancia se te pega al cuerpo".

De hecho, este es uno de los principios en los que se basa la meditación en una forma específica de Dios. Al concentrarnos en una forma específica de Dios, empezamos a adquirir naturalmente las cualidades de esa forma. Meditamos en la Madre Divina y nuestra mente se llena de pensamientos de amor y compasión. Si meditamos en Hanumān y pensamos en su fuerza y su valentía, adquiriremos fuerza mental y valor. La meditación en la forma del Señor Śiva, la personificación del desapego y la austeridad, nos ayudará a tener más desapego y a ser más firmes en nuestras prácticas espirituales.

Esto no es un proceso místico. Lo mismo sucede continuamente en la vida corriente. Pensad en el ejemplo de alguien que se obsesiona con una estrella de cine o un músico determinado. ¿No es cierto que a menudo empieza a caminar como ellos, vestir como ellos y hablar como ellos? Recuerdo que en 2001 empecé a ver de repente a montones de chicos con patillas y barbas tipo "mosca". Aquello parecía salido de la nada. De hecho, algunos de los chicos ni siquiera eran lo suficientemente mayores como para que les crecieran adecuadamente; sin embargo, a pesar de ello, lo intentaban al máximo. Cuando pregunté por esa moda, alguien me dijo que había salido una nueva película de éxito de

Bollywood llamada *Dil Chahta Hai*, en la que la estrella llevaba ese peinado y ese estilo de barba. Si solo ver la película una o dos veces puede crear un sentido tan fuerte de identificación, ¿os imagináis la transformación que puede producir una práctica diaria de meditación intensa? El ver a Amma dar darśan, cantar bhajans, dar charlas, etc. es en realidad una forma de meditación, una meditación con los ojos abiertos. Y, del mismo modo que alguien se empapa de las características y las cualidades de su deidad amada meditando en ella con los ojos cerrados, se empiezan a adquirir las cualidades de Amma concentrándose en ella y relacionándose con ella. Al presenciar la compasión de Amma, queremos volvernos más compasivos. Viendo su paciencia y su sencillez, nos esforzamos por llegar a ser también más pacientes y más sencillos.

Amma dice: "Llegamos a entender lo que son la verdad, el *dharma*, el desinterés y el amor porque el guru *vive* esas cualidades. El guru es la vida de esas cualidades. Al obedecer y emular al sadguru cultivamos esas cualidades en nosotros".

Voy a poner un ejemplo de cómo se produce esta absorción. En Amṛtapuri, Amma (si no sigue todavía dando darśan) va al pabellón de bhajans todas las tardes justo antes de las siete para dirigir el canto devocional. Cuando Amma llega, suele haber como una docena de niños pequeños en fila detrás de su *pīṭham* [el asiento del guru], todos empujándose para ocupar el lugar que esté más cerca de donde Amma se va a sentar. Para los residentes del āśram y los devotos puede ser algo bastante simpático de presenciar. En agosto de 2008 había un niño indio de tres años procedente de Estados Unidos visitando el āśram. Estaba allí con los todos los demás niños, intentando conseguir un buen sitio. Y entonces, justo antes de que Amma entrara en la tarima, simplemente se puso de pie sobre el pīṭham de Amma. Obviamente, todos los ojos estaban puestos en él. Entonces ofreció sus *pranams* juntando las manos sobre la cabeza en el *añjali mudra*, igual que hace Amma, y se sentó con las piernas cruzadas, justo igual que

Amma. Después agarró uno de los palillos de tambor de Amma y se puso a golpear rítmicamente el pie del micrófono de Amma, igual que hace Amma a veces durante los *bhajans*. Cuando Amma lo vio sentado allí, simplemente se echó a reír. Alguien se lo llevó; pero, cuando se hubo sentado, Amma volvió a llamar al niño para que se sentara a su lado. Le dio el micrófono. Inmediatamente el niño empezó a intentar decir *prema-svarūpikaḷum ātma-svarūpikaḷumāya ellāvarkkum namaskāram* ("Me inclino ante todos, cuya naturaleza es el amor divino y el Ser"), que es lo que Amma dice cada vez que empieza una charla pública. Después empezó a cantar su tanda de bhajans con una canción del Señor Gaṇeśa, justo igual que hace Amma. Era una monada. Como la mayoría de los niños de tres años, su pronunciación no era muy clara, pero el sentimiento era puro Amma. Todos los devotos y los residentes del āśram le marcaban el ritmo cuando se perdía cantando. Se puede decir que solo era un niño y no significaba nada; pero es un ejemplo perfecto de cómo absorbemos los gestos, las acciones y las cualidades de Amma. Se convierten en nuestros hábitos y el hábito se convierte en carácter. A poco maduros que seamos, empezaremos a integrar las cualidades de Amma en niveles más profundos: el amor, la compasión y el desinterés que son la fuerza motriz de todas sus palabras y acciones.

Por eso, aunque esta fase de nuestra relación en la que solo nos sentamos cerca de Amma observándola pueda parecer superficialmente algo bastante intrascendente, de hecho es un elemento decisivo para construir nuestro vínculo. Solo cuando nuestro vínculo con el guru sea firme y profundo, tendremos la fe y la confianza necesarias para seguir adecuadamente el consejo, las instrucciones y las enseñanzas del guru.

Si leemos el poema épico Mahābhārata, veremos que hasta la mitad del libro Arjuna no se hace discípulo de Kṛṣṇa. Antes de ello, igual que con Amma, es más una relación entre amigos. De hecho, en el capítulo cuatro de la Bhagavad-Gīta Kṛṣṇa se dirige a Arjuna no solo como a un devoto, sino también como a un *sakhe* (amigo). La confianza, la apertura y la sincera cercanía de la verdadera amistad son esenciales para una relación fructífera entre el guru y el discípulo.

En las escrituras se condena constantemente el apego como un grave obstáculo para el progreso espiritual. La propia Amma habla a menudo sobre la importancia de trascender nuestros gustos, aversiones y dependencias. Por tanto, es natural que se pueda crear alguna confusión cuando vemos que nos estamos apegando a Amma. En este sentido, recuerdo algo que sucedió a mediados de los ochenta. En aquel entonces, Amma casi siempre asistía a nuestras sesiones matinales de meditación. Cuando la meditación terminaba, respondía las preguntas que tuviéramos. Una de esas mañanas, uno de los *brahmacāris* —ahora Swāmi Amṛtagītānanda— estaba teniendo exactamente esta misma duda. De hecho, no le mencionó a Amma la duda, pero esta había estado acosándole durante toda la meditación. Había estado pensando: "He venido aquí a trascender todos mis apegos, y aún así me estoy apegando mucho a Amma. ¿No es esto solo otra forma de esclavitud? ¿No he saltado simplemente de una forma de *māya* [ilusión] a otra?"

De repente Amma le miró directamente y le dijo:

—El apego al propio guru y al āśram no son esclavitud ni māya. Todos los demás apegos son esclavitud. Se usa una espina para quitar otras espinas. Del mismo modo, también el apego al guru le lleva a uno a la liberación.

Igualmente, hace unos pocos años, un nuevo *brahmacāri* estaba de pie cerca de Amma mientras ella daba darśan. De repente Amma le miró con una tierna sonrisa. Le llamó a su lado y le preguntó qué estaba pensando. Él le dijo:

—Me estoy apegando tanto a Amma que me preocupa que al final solo vaya a causarme dolor.

Amma le dijo:

—Ese apego es el apego que destruye todos los demás apegos. Aunque te traiga dolor, ese dolor te purificará. Se convertirá en un camino hacia Dios.

Amma es la persona más disponible del mundo. Para verla, lo único que hace falta es ir y ponerse en la cola. No hay obstáculos. Ella está constantemente tendiendo la mano para levantarnos; pero el que agarremos la mano de Amma depende de nosotros. Cuando lo hacemos, nos sostiene bien fuerte hasta que podemos andar solos. Eso no quiere decir que el vínculo que se desarrolla con Amma solo sea para principiantes. Madurará y se volverá más profundo continuamente a lo largo de nuestra vida. A medida que crecemos, se hace más y más central en quienes somos, se vuelve un aspecto esencial de nuestra existencia. De hecho, la conquista final es el conocimiento de que el guru y el discípulo siempre han sido uno: el vínculo final; pero al principio el centro de atención es el vínculo exterior. Ese vínculo y los valiosos recuerdos que adquirimos pasando tiempo con Amma es lo que nos ayuda a sobrellevar los periodos difíciles de la vida, que nos llegan a todos y cada uno de nosotros. Finalmente, cuando estemos listos, habrá un cambio en nuestra relación con Amma. Entonces empieza la disciplina. Para nosotros, la primera tanda de brahmacāris, ese cambio se produjo al cabo de dos o tres años. Un día la madre se convierte en la guru.

Capítulo 3

La importancia del guru

"La luz de la gracia del guru nos ayuda a ver y quitar los obstáculos de nuestro camino".

– Amma

Amma dice que el guru solo aparece cuando hay un discípulo. Eso significa que mientras no estemos listos, el *guru bhāva* [la actitud de guru] de Amma seguirá sin manifestársenos. Por el contrario, cuando estemos listos estará allí esperándonos. Encontramos lo mismo en el Mahābhārata. En la primera parte de la epopeya, Kṛṣṇa nunca actúa como un guru con Arjuna. Eso se debe a que el discípulo Arjuna todavía tiene que nacer; pero cuando Arjuna reconoce su incapacidad para resolver sus problemas por sí mismo y se entrega, confuso, a los pies de Kṛṣṇa rogándole que le instruya y le guíe, el guru Kṛṣṇa está inmediatamente allí diciendo: "Te lamentas por los que no hay que lamentarse", etc. Solo en ese momento empieza la verdadera enseñanza de la Gīta.

Hablamos del "guru bhāva" de Amma, pero, en realidad, cada aspecto de Amma es un *bhāva* [un estado de ánimo que adopta]. A diferencia de nosotros, Amma no se identifica con los distintos trajes que se pone en el mundo. Nosotros podemos afirmar que somos "un profesor" o "un alumno", "un empresario", "un medico" o "un artista", etc.; pero la única identificación de Amma es con el Ser Verdadero: la conciencia dichosa que sirve de substrato a los pensamientos y al universo físico. En consecuencia, Amma no es intrínsecamente una guru. Tampoco es intrínsecamente "una madre", "una filántropa" o cualquier otra cosa parecida. Ella sabe

que, intrínsecamente, solo es la conciencia eterna y dichosa. Por compasión, Amma adopta el bhāva de madre, filántropa, amiga, Dios o guru siempre que hace falta. El niño, que necesita amor y consuelo, llama a la madre. Los pobres que sufren recurren a la filántropa. El que busca compañía sincera recurre al amigo. El devoto llama a Dios. El discípulo se acoge a la guru. (Solo cuando entendamos esto podremos comprender todo el significado de afirmaciones aparentemente frívolas de Amma como: "Me llaman 'Madre' y por eso los llamo 'hijos'. Amma no sabe nada más que eso".) En última instancia, todas esas divisiones se basan en la ignorancia. En la cima de sabiduría espiritual en la que vive Amma, solo hay unidad: discípulo y guru, devoto y Dios, hijo y madre… todos son eternamente uno. Por eso es por lo que Amma dice: "Para que haya un guru primero tiene que haber un discípulo".

Hace unos años, le estaban entrevistando a Amma para un documental de una cadena de televisión estadounidense. El documental presentaba las opiniones de una docena de líderes de las principales religiones del mundo. Amma era la única representante del hinduismo. Al final de la entrevista de dos horas, los directores le pidieron a Amma que se presentara a sí misma ante la cámara. Le explicaron que querían que Amma simplemente mirara a la cámara y dijera algo como: "Hola, me llamo Śrī Māta Amṛtānandamayi Devi y soy una líder espiritual y humanitaria hinduista de Keraḷa, en la India". Cuando se lo hubieron explicado, los demás *swāmis* y yo nos preguntábamos qué haría Amma, porque simplemente no es algo que ella diga nunca. En los últimos treinta años nunca he oído a Amma hacer una afirmación como esa, así que todos nos preguntábamos qué pasaría. Bueno, Amma sonrió, pero rehusó. Pensábamos que ese sería el final de la historia, pero los directores insistieron. Dijeron algo como: "Vamos, Amma, todos los demás líderes espirituales lo han hecho"; pero, aun así, Amma no cedía. Si hay algo que Amma siempre sea, es natural. Por ejemplo, nunca posará para una foto. Y que Amma dijera una frase como aquella simplemente no era natural; pero, por su compasión, Amma no quería herir los sentimientos de los documentalistas. Pensábamos que todo había terminado cuando de repente Amma dijo: "La gente llama 'Amma' o 'Māta Amṛtānandamayi Devi' a esta forma visible; pero el Ser que reside en el interior no tiene ni nombre ni dirección. Es omnipresente". En esa afirmación vemos que el guru bhāva es algo que Amma solo se pone cuando el discípulo lo invoca. Es una respuesta a una necesidad. Aparece cuando la necesidad madura; pero la verdadera naturaleza de Amma no tiene nombre ni dirección. Está más allá de todo.

Hay dos facetas principales del guru bhāva de Amma: conocimiento y disciplina. Algunos piensan que un guru no es necesario para recibir conocimiento. Creen que es suficiente con seguir las escrituras; pero las propias escrituras afirman reiteradamente que un guru es imprescindible si se desea alcanzar la meta final. Ādi Śaṅkarācārya[1] escribe en su comentario de la Muṇḍaka Upaniṣad que, aunque se tengan estudios de sánscrito, lógica sistemática y otros *śāstras* [ciencias] parecidos, no hay que intentar conseguir el conocimiento del Ser sin un guru.

¿Por qué es tan esencial el guru? Amma dice: "Las personas que emprenden un viaje con la ayuda de un mapa pueden, a pesar de ello, perderse y vagar sin rumbo. Un mapa tampoco informará de la presencia de salteadores o de animales salvajes. Solo si tenemos un guía con experiencia podremos viajar sin tensión alguna. Si hay alguien contigo que está familiarizado con el camino, el viaje será cómodo y fácil".

En todos los ámbitos de la vida, en la ciencia, el arte o los negocios, hace falta un profesor. No es distinto en la espiritualidad. De hecho, la espiritualidad es el área de conocimiento más sutil, porque en realidad se está estudiando el propio Ser. En biología,

[1] Los comentarios y textos de Ādi Śaṅkarācārya (alrededor de 800 d.C.) consolidaron la escuela de pensamiento Advaita Vedānta.

el científico utiliza un microscopio para estudiar los microbios. En química, substancias químicas. En espiritualidad, el propio científico, por así decirlo, es el tema de estudio. Por tanto, el tema está fuera del alcance de nuestros principales medios de conocimiento: los sentidos y el intelecto. Con un tema tan sutil es aún más necesario un profesor. Como dice Amma a menudo: "Hace falta un profesor hasta para aprender a atarse los zapatos". Una sadguru como Amma no solo nos explica el camino espiritual y nos aclara las dudas que nos surgen en el camino, sino que también, con su fina compresión de nuestro carácter, nos ayuda a trascender los obstáculos a los que nos enfrentamos a lo largo del camino.

De hecho, Amma siempre está transmitiendo conocimiento, sea una comprensión más profunda del *dharma*, el *karma yoga*, la meditación o la verdad última. Un río incesante de conocimiento fluye de los labios de Amma. Ella siempre está dispuesta a guiar a las personas hacia formas de vivir y pensar más inteligentes y armónicas. En Amṛtapuri realiza sesiones de preguntas y respuestas con los residentes y visitantes una vez por semana y en los retiros de la Gira Mundial de Amma se realizan sesiones similares. Para invocar ese aspecto del guru bhāva de Amma, todo lo que hace falta es interés[2]. Eso demuestra que, cuando Amma dice "el guru que hay en Amma solo aparecerá cuando haya un discípulo", está hablando ante todo del guru como quien impone una disciplina.

El objetivo final de la vida espiritual es, en teoría, muy sencillo: la completa asimilación del conocimiento de que nuestra verdadera naturaleza no es el cuerpo, las emociones o el intelecto, sino la conciencia que todo lo abarca, eterna y dichosa. Cuando nos despertamos por la mañana no hace falta que abramos los ojos y nos miremos en el espejo para saber quiénes somos. No hay duda: "¿Quién soy? ¿Soy un hombre? ¿Una mujer? ¿Un burro?

[2] Cuanto más auténtico sea nuestro interés, más profunda será la respuesta de Amma.

¿Indio? ¿Estadounidense? ¿Japonés?" Sencillamente, lo *sabemos*. Hay que asimilar el conocimiento espiritual hasta ese mismo nivel de convicción. De hecho, es algo bastante raro: mediante la mente tenemos que llegar a entender que no somos la mente. La mente es el origen de la ignorancia y, al mismo tiempo, el medio para la liberación. Como escribe Śaṅkarācārya:

vāyunānīyate meghaḥ punastenaiva nīyate |
manasā kalpyate bandho mokṣastenaiva kalpyate ||

"El viento trae las nubes y el mismo viento vuelve a llevárselas. Del mismo modo, la mente causa la esclavitud humana y solo ella misma causa también la liberación."

Vivekacuḍāmaṇi, 172

En esencia, no es difícil comprender intelectualmente el concepto de que la naturaleza de uno mismo es conciencia. Sin embargo, durante vidas hemos estado pensando lo contrario, identificándonos completamente con el cuerpo, las emociones y el intelecto y vinculando nuestra felicidad solo a la satisfacción de nuestros deseos. Esa forma de pensar se ha vuelto tan habitual que no podemos darle la vuelta tan fácilmente. Para explicar este fenómeno, a Amma le gusta poner el ejemplo de un hombre que, después de haber llevado durante años la cartera en el bolsillo del pantalón, un día decide empezar a llevarla en el bolsillo de la camisa. Si le preguntas, cuando está relajado y tiene tiempo para pensar, dónde lleva la cartera, quizás te diga: "Pues... ahora la llevo en el bolsillo de la camisa". Sin embargo, cuando tiene prisa por pagar el café, busca en el bolsillo del pantalón. Lo que sabe y cómo se comporta en realidad son polos opuestos.

Había una vez un hombre sin hogar que no tenía ni trabajo ni un lugar donde vivir. Solo sobrevivía comiendo lo que podía, a menudo no teniendo más opción que escarbar en contenedores y cubos de basura. Un día se le acercó un filántropo. Estaba eligiendo a personas sin hogar para rehabilitarlas. Le dio alojamiento y una asignación para comida. También le dio dinero para estudiar en la universidad. El hombre estaba entusiasmado por la compasión del filántropo. Se lo agradeció de todo corazón, se matriculó en la facultad y su vida dio un vuelco. Diez años después se había licenciado en empresariales y era propietario de una empresa que se hallaba entre las quinientas con más beneficios de Estados Unidos. Un día iba en la parte de atrás de su limusina, fumando un excelente cigarro cubano y viendo pasar la ciudad por sus cristales tintados, cuando de repente empezó a gritarle al conductor:

—¡Pare, pare! Por el amor de Dios, ¡pare el coche! ¿Es que está loco?

El chófer dio un frenazo.

—¿Cómo? ¿Qué pasa, señor?

El hombre sin hogar convertido en magnate de los negocios le respondió:

—¿Que qué pasa? ¿No lo has visto? ¡El hombre de la esquina acaba de tirar un trozo de pizza en perfecto estado!

El hombre tenía ahora suficiente dinero para comprar cien Pizza Huts; pero esa comprensión no había saturado del todo su mente subconsciente. Al ver que tiraban la pizza a la basura, se olvidó de su posición actual y sus antiguos patrones de pensamiento volvieron al primer plano.

Casi todo el mundo puede matricularse en una asignatura de "Filosofías de la religión oriental" y salir con una comprensión básica de la filosofía Vedānta. Sin embargo, esas personas no logran la iluminación. La razón está en su mente. Su mente no se ha purificado lo suficiente como para asimilar adecuadamente el conocimiento. A la mayor parte de nuestras mentes les falta discernimiento, sutileza, conciencia, paciencia y concentración. También están llenas de ideas egoístas y constantemente infestadas de gustos y aversiones. Para asimilar verdaderamente el conocimiento espiritual, todas esas impurezas deben irse. En cierto modo, lograr la pureza mental es mucho más difícil que lograr el conocimiento. Incluso se dice que, cuando se logra la pureza mental, la liberación no es más que cuestión de tiempo. El guru interviene imponiendo disciplina para ayudar al discípulo a alcanzar esa pureza mental.

"Mientras no habéis dominado la mente, tenéis que acatar determinadas normas y restricciones según las instrucciones del guru", dice Amma. "Cuando habéis dominado la mente, no hay nada que temer".

Las cuatro capacidades

Las escrituras especifican varios aspectos en los que debemos disciplinar y purificar la mente. Solo después de haberlo logrado puede asimilarse adecuadamente el conocimiento espiritual. En sánscrito esos aspectos se conocen colectivamente como *sādhana catuṣṭaya sampatti*: las cuatro capacidades[3]. Son *viveka*, *vairāgya*, *mumukṣutvam* y *śamādi ṣaṭka sampatti*, esto es, discernimiento, desapasionamiento, sed de liberación y las seis disciplinas, empezando por el control de la mente.

Por eso, de alguna manera, una sadguru como Amma es como un entrenador: no sólo nos enseña las normas de la vida, sino que también se asegura de que estemos adecuadamente en forma para jugar el partido. Como cualquier buen entrenador, Amma conoce los puntos fuertes y las debilidades mentales de todos sus jugadores. También sabe ayudarlos a superar esas debilidades, por las buenas o por las malas. Amma nos ayuda mediante la instrucción personal, creando situaciones que constituyan un reto, corrigiendo errores y ayudando al discípulo a ver sus debilidades por sí mismo, a fortalecer y pulir su mente hasta que sea capaz de asimilar la verdad última. De hecho, si la mente del discípulo

[3] Se las llama "capacidades" porque el conocimiento del Ser solo echará raíces en una mente en la que esas cualidades se hayan desarrollado adecuadamente. Si tenemos deficiencias en cualquiera de ellas, significa que tenemos que hacer más esfuerzo por desarrollarlas, no que no estemos capacitados para la vida espiritual.

está completamente purificada, se dice que su asimilación de la Verdad tendrá lugar en el momento en el que le sea explicada por primera vez: la llamada "iluminación instantánea".

Viveka, vairāgya y mumukṣutvam

El primer aspecto del perfeccionamiento mental es viveka. En su sentido último, viveka significa la capacidad de discernir entre el *ātma* y el *anātma,* el Ser y el no Ser. Tanto si se mira hacia el interior como cuando se mira el mundo exterior, se debe ser capaz de separar la realidad de la irrealidad, el trigo de la paja, por así decirlo. La necesidad de esa constante dicotomía es una de las razones por la que se dice que la vida espiritual es como "caminar por el filo de la navaja[4]"; pero también podemos aplicar ese discernimiento en un nivel más relativo. En último término, la vida es una serie de decisiones. En cada momento, en cada interacción, con cada respiración, tenemos la opción de actuar, hablar y pensar o de acuerdo con lo que nos va a acercar a nuestra meta o con lo que nos va a alejar de ella. De modo que viveka es actuar de acuerdo con la firme compresión de que la meta de la vidad humana —la felicidad permanente— nunca puede venir de cosas transitorias. Solo puede venir de algo eterno.

Cuando entendemos la diferencia entre lo que proporciona felicidad pasajera y lo que proporciona felicidad eterna, empezamos de forma natural a alejarnos de la primera y a acercarnos a esta última. El impulso de alejarnos de la felicidad transitoria se llama vairāgya, y el impulso de avanzar hacia la felicidad permanente se llama mumukṣutvam. De esta forma, vairāgya, mumukṣutvam y viveka están directamente relacionados.

En realidad, el mumukṣutvam [sed de liberación] está inherente en nosotros. Todo el mundo desea trascendencia. Nadie quiere que se pongan límites a su felicidad. Siempre que nos sentimos frustrados por nuestras limitaciones es un reflejo de

[4] *Kaṭha Upaniṣad,* 1.3.14

nuestro mumukṣutvam inherente; pero la mayor parte de las personas no entienden que los sentimientos de limitación no pueden evitarse mientras pongamos nuestra vista en cosas limitadas, es decir, en placeres sensoriales, relaciones, logros, etc. Además, los pocos que consiguen descubrir esa realidad casi nunca se enteran de que existe algo ilimitado (el Ser) por lo que esforzarse. Por eso, seguimos tratando de exprimir toda la felicidad que somos capaces de los objetos limitados que podemos lograr. Solo cuando, por medio de la gracia, oímos hablar de la posibilidad de alcanzar la transcendencia por el conocimiento del Ser, nuestro mumukṣutvam inherente adquiere la capacidad de ayudarnos. Además, solo en ese punto es cuando se nos revela la fuerza o la falta de fuerza de nuestro mumukṣutvam. Solo si tiene algo de sustancia empezaremos a intentar cultivar viveka [discernimiento] y vairāgya [desapasionamiento]. De otro modo, seguiremos buscando la felicidad en el limitado mundo material.

En general, estas tres cualidades se refuerzan realizando *karma yoga*. El karma yoga no es una acción concreta, sino una actitud que puede aplicarse a cualquier acción. En esencia, la actitud es de total atención a la acción y de total aceptación del resultado de esas acciones (se hablará en detalle del karma yoga en el capítulo cinco). Es más fácil hablar de esa actitud que practicarla, en especial cuando nuestra principal motivación para realizar acciones son los resultados materiales: el dinero, la fama, el prestigio, etc. Por tanto, es mucho más fácil poner en práctica la actitud de karma yoga cuando nuestro compromiso con el trabajo no nace de nuestro propio deseo, sino sencillamente porque nuestro guru nos ha dicho que lo hagamos. Esa es una de las razones por las que, al cabo de un tiempo, Amma suele sugerirnos que hagamos alguna clase de trabajo. Puede ser limpiar la cocina, ocuparse de las vacas, limpiar lugares públicos o parques, ayudar con el boletín de nuestro grupo local de satsaṅg de Amma o incluso trabajar para una universidad o un hospital de Amma. Algunas veces incluso sirviendo directamente a Amma. Con ese trabajo empezamos a acostumbrarnos a realizar el trabajo como karma yoga. Puede ser un trabajo de sesenta horas semanales o solo una o dos horas los fines de semana. Sea lo que sea, poco a poco vamos adquiriendo la capacidad de utilizar la actitud de karma yoga en todos los aspectos de la vida, sea en un puesto remunerado en una empresa multinacional o en las tareas domésticas.

La *guru sevā*, el servicio desinteresado ordenado por el guru, no es una forma de esclavitud. Ni tampoco es algo que hagamos a cambio de las enseñanzas y el cariño de Amma. El guru es uno con la verdad divina que llena la creación. Como tal, Amma no necesita que lavemos ollas o ayudemos a cortar verduras en sus programas. Ni tampoco necesita que ayudemos en ninguno de los proyectos de servicio desinteresado del Āśram. De hecho, Amma no necesita que sirvamos a nadie en absoluto. Ella está completa con esas cosas o sin ellas. Amma nos ofrece la oportunidad de realizarlas porque sabe el bien infinito que nos harán esas acciones si las llevamos a cabo con amor, atención y sinceridad. Conoce el poder que tienen para purificar la mente de gustos y aversiones, cultivar el desapasionamiento respecto a los placeres transitorios de los sentidos y provocar pasión por la dicha eterna del Ser, todo lo cual es esencial si queremos lograr la verdadera libertad.

De hecho, hay otra forma excepcional en la que Amma ayuda a todos a cultivar mumukṣutvam y vairāgya, y es su *darśan*. En la ternura del abrazo de Amma, nuestra mente se queda de repente en silencio, permitiendo que resplandezcan la paz y la dicha de nuestro Verdadero Ser. A muchos esa experiencia les abre verdaderamente los ojos: es una liberación. Como se ha dicho antes, transforma nuestra forma de pensar y reorganiza nuestros objetivos. El darśan de Amma nos ayuda a experimentar una profunda paz desvinculada de cualquier objeto sensible, una paz que procede del interior. Para el buscador espiritual, el recuerdo de esa experiencia se convierte en la proverbial zanahoria, que le dirige siempre hacia adelante. Como comentó una vez un *sannyāsi* que visitó el āśram: "El darśan es una experiencia después de la cual ya no se desea volver a experimentar ninguna otra cosa".

Una devota explicaba una vez el efecto del darśan de Amma de la siguiente manera. Cuando era joven sus padres no querían que comiera chocolate. En su lugar le daban algarroba y le decían que era chocolate. Durante años siguió comiendo algarroba pensando que era chocolate. Y entonces inevitablemente alguien le dio chocolate de verdad. A partir de entonces la algarroba ya nunca le satisfizo. Con el darśan de Amma pasa lo mismo. Amma dice que cuando la gente recibe su darśan es como beber agua cristalina de manantial después de toda una vida tratando de saciar la sed con aguas residuales. De modo que, en cierto modo, Amma nos está ayudando a pulir nuestra mente y nuestras perspectivas desde el mismo comienzo.

Los restantes aspectos que requieren purificación mental se conocen conjuntamente como śamādi ṣaṭka sampatti: las seis disciplinas que empiezan por el control mental[5]. Son *śama*, *dama*, *uparama*, *titikṣa*, *śraddha* y *samādhāna*.

Dama

Empezaremos con *dama*, el desarrollo del control de los sentidos. En las primeras etapas de la vida espiritual la mente es débil y muchos objetos sensibles pueden perturbarnos fácilmente. Estamos tratando de vivir a la altura de la verdad de que nosotros mismos somos la fuente de toda dicha. Sin embargo, eso no es fácil después de tantas vidas buscando y experimentando la dicha exclusiva aunque efímeramente en los objetos del mundo. Por eso, dama significa literalmente evitar el contacto con objetos sensibles que perturben nuestra mente. En la Bhagavad-Gīta se pone el ejemplo de la tortuga:

[5] Durante el *āratī*, la destreza de Amma para ayudar a sus hijos a adquirir estas cualidades se ensalza con el nombre *śama-dama dāyinī:* la que da el control de la mente y el control de los sentidos.

yadā saṁharate cāyaṁ kūrmo'ṅgānīva sarvaśaḥ |
indriyāṇīndriyārthebhyaḥ tasya prajña pratiṣṭhitā ||

"Cuando, como una tortuga retira sus miembros, él retira los sentidos de los objetos sensibles, su sabiduría se vuelve firme".

Bhagavad-Gīta, 2.58

Siempre que llega el peligro, la tortuga recoge inmediatamente la cabeza y las cuatro patas. Aislada del mundo exterior, está a salvo hasta que pasa la fuente del potencial daño. Del mismo modo, el buscador espiritual debe evitar permitir que sus cinco órganos sensoriales —ojos, oídos, nariz, tacto y gusto— entren en contacto con objetos sensibles potencialmente dañinos.

Por ejemplo, si estamos a dieta y hay dos caminos para volver a casa desde el trabajo, y uno de ellos pasa por delante del Pizza Hut y la heladería de Ben & Jerry, elegir el otro es dama. O, como aspirantes espirituales, si vamos en autobús y la gente que hay delante de nosotros está manteniendo conversaciones mundanas, podemos ponernos los auriculares y escuchar unos *bhajans* o alguna charla espiritual. En el peor de los casos, si sabemos que hay algo que es mejor que no veamos, sencillamente podemos cerrar los ojos. Todas estas son formas de control de los sentidos.

En este mismo sentido, he oído un buen chiste sobre un hombre que demuestra tener dama. Un cliente de una panadería estaba examinando atentamente todos los pasteles de alto contenido en grasas que había expuestos en bandejas en las vitrinas. El dependiente se le acercó y le preguntó:

—¿Qué se le ofrece?

Él respondió:

—Quisiera esa rosquilla cubierta de chocolate y rellena de crema, esa rosquilla rellena de gelatina y ese bollo de queso cubierto de azúcar glaseado.

Y después añadió, suspirando:

—Pero me llevaré una magdalena de salvado de avena.

En Amṛtapuri, los residentes del āśram tienen que seguir muchas normas. El objetivo de todas esas normas es ayudarles a conseguir el control de los sentidos. Lo que no entra por los sentidos, no puede entrar fácilmente en la mente. Amma ha establecido esas normas pensando en el mayor bien de ellos. Han venido al āśram con una meta concreta y Amma quiere ayudarles a alcanzarla.

A menudo los psicólogos critican las restricciones monásticas, afirmando que son una forma de represión y que esa represión puede provocar problemas de salud y locura. En parte tienen razón. La *represión* puede causar esas enfermedades. Sin embargo, el dama del buscador espiritual no es represión. En realidad es sublimación. Se basa en su conocimiento de que el impulso de satisfacer los sentidos es un obstáculo para su meta más alta. Sobre este asunto, Amma dice que es como un estudiante que se priva de salir con sus amigos para estudiar un examen o como un diabético que evita el azúcar. Su abstinencia procede de su comprensión, de su discernimiento. Por tanto, tiene la mente y el cuerpo en armonía y nunca se produce crisis alguna. Si un niño cree que su osito de peluche lo protege de los monstruos que viven en el armario y le obligamos a que lo tire, esto puede fácilmente ejercer una influencia negativa sobre su psiquis. Sin embargo, cuando el niño deja atrás esa falsa ilusión y decide por sí solo dejar de dormir con el animal de peluche, obviamente eso no le causa ningún daño. El dama adecuado se basa en la comprensión, en el conocimiento de que los objetos sensibles no tienen ningún valor intrínseco, no en la idea de que sean "malos" en un sentido moralista.

Un día, cierto monje que había estado encerrado en una celda realizando austeridades durante décadas se puso muy enfermo. Fueron a verle muchos médicos, pero nadie pudo hacerle un diagnóstico. Finalmente, llegó un psiquiatra. Tras una corta conversación, el psiquiatra le dijo que su problema era la represión.

—Durante veinte años ha renunciado al mundo, rechazando todos los placeres mundanos —dijo el psicólogo—. Tiene que soltarse y vivir un poco. Le sugiero que salga de su celda y se dé una vuelta en coche por el país.

—¡Imposible! —dijo el monje—. He renunciado a todas esas cosas. He hecho votos. La mía es una vida de austeridad, no de paseos en coche.

El psiquiatra siguió firme, diciéndole que o se relajaba un poco o moriría. El monje cerró los ojos en contemplación. Diez segundos después los abrió.

—Vale —suspiró—; pero consígame un Benz convertible con lujosos asientos de cuero y un estéreo espectacular.

Nuestro control de los sentidos tiene que basarse en la comprensión. Si simplemente reprimimos nuestros deseos, solo aumentarán y acabarán venciéndonos.

Śama

La siguiente disciplina es śama, el control de la mente. Por supuesto, es imposible cerrarse completamente a los objetos sensibles potencialmente peligrosos. Tanto si nos gusta como si no, algunos entrarán en la mente por los sentidos y dejarán una impresión. Una vez que la impresión ha entrado, seguirá volviendo a la mente consciente de vez en cuando. Y aunque evitemos de alguna manera ver y escuchar cosas desfavorables, nuestra mente es plenamente capaz de crear negatividades por sí misma. Todos hemos tenido la experiencia de ser víctimas de pensamientos negativos. Supongamos que de repente nos damos cuenta de que estamos pensando negativamente sobre un conocido, un compañero de trabajo o un familiar, quizá siendo demasiado crítico con algún defecto de su personalidad. Aquí es donde entra śama. Aunque esos pensamientos impulsivos no puedan evitarse, pueden cortarse de raíz. Un método de śama es simplemente sustituir el pensamiento negativo por uno positivo. Puede ser recitando nuestro *mantra*, recordando alguna interacción que hayamos tenido con Amma o pensando conscientemente en alguna buena cualidad de esa persona.

Otro método que Amma recomienda es eliminar intelectualmente el pensamiento negativo de nuestra cabeza preguntándonos: "¿Me ayudará realmente este pensamiento en la vida? ¿Ayudará a la sociedad? ¿Pensar esto me va a ayudar a lograr mi objetivo en la vida? Si solo veo las negatividades de los demás, ¿cómo voy a experimentar nunca una sensación de unidad con toda la creación?" Pensando de esa manera, también podemos destruir el pensamiento potencialmente dañino.

La pregunta ahora es: ¿cómo puede ayudarnos en esto el guru bhāva de Amma? En relación con dama parece posible: Amma puede imponer restricciones; pero, ¿puede intervenir Amma dentro de la privacidad de nuestra cabeza? La respuesta es que sí. En relación con la seva que hacen los residentes del áśram, Amma puede ser una verdadera capataz. Si se da cuenta de que el trabajo se hace descuidadamente, sin lugar a dudas llamará a la parte interesada. La regañina que seguirá dejará una impresión en la mente de la persona que hará que sea más consciente cuando realice sus acciones en el futuro. O, en lugar de reñir a alguien, Amma se castigará a sí misma, normalmente ayunando. Si tenemos aunque solo sea un poco de amor por Amma, esos episodios desgarradores tendrán una influencia mucho más profunda de la que jamás pudiera tener ninguna regañina.

Cuando trabajaba en el banco a veces fumaba. De hecho, una de las principales razones por las que lo hacía era para conseguir mantenerme despierto en el trabajo después de haber pasado toda la noche en vela en los darśans de Devi y Kṛṣṇa Bhāva de Amma. Sin embargo, estaba empezando a convertirse en una costumbre. Entonces, una noche, durante un breve descanso entre los dos bhāva darśans, fui a buscar una taza de té para Amma a un puesto de té cercano de un devoto. Como estaba fuera, pensé que podría fumar rápidamente un cigarrillo ientras hervía la leche. Así lo hice. Cuando el té estaba listo, apagué el cigarrillo, me lavé las manos, me enjuagué la boca y le llevé la taza a Amma. En cuanto se la di, me dijo:

—Te has fumado un cigarrillo, ¿verdad?

Reconocí que lo había hecho. Amma me miró con una expresión de incomodidad y me dijo:

—Entonces no lo quiero.

Me sentí realmente mal porque esa taza de té era el único alimento que Amma solía ingerir en toda la noche. Ahora, por mis acciones, ni siquiera iba a tomar eso.

Al día siguiente en el trabajo se me empezó a antojar un cigarrillo; pero entonces inmediatamente pensé en Amma mirándome con esa expresión y diciendo: “No lo quiero”. También pensé que ella había ayunado toda la noche. Decidí no fumar. Eso no pasó una sola vez. A partir de entonces, cada vez que pensaba en fumar recordaba el ayuno de Amma. Pronto había dejado de fumar por completo.

Así que cuando Amma recurre a su guru bhāva y nos riñe o se castiga a sí misma, deja una profunda impresión en nuestra mente. El deseo de evitar otro de esos encuentros con Amma en el futuro crea una conciencia adicional en nosotros y una atención extrema a los detalles relacionados con esa acción. De ese modo, nuestro trabajo se convierte en una especie de meditación. Aunque la cultivemos con una mayor atención a los detalles *externos*, esa conciencia también estará disponible para los detalles *internos*. Y esa conciencia interna es esencial para tener éxito en śama. Porque solo siendo inmediatamente conscientes de la presencia de un pensamiento o un impulso dañino, podremos suprimirlo recitando nuestro mantra o aplicando nuestro pensamiento discernidor. De modo que Amma, al imponer una disciplina, también puede ayudarnos en esto.

Uparama

Uparama es el firme cumplimiento del propio *dharma* [deber], sea cual sea. El dharma de un seglar es obviamente diferente al de un brahmacāri o un sannyāsi; pero, como hijos de Amma, hay dharmas que son comunes a todos nosotros, como la realización diaria del *arcana*, recitar nuestro mantra un número determinado de veces, meditación, seva, etc. De hecho, para nosotros, los hijos de Amma, todo lo que Amma nos dice que hagamos es nuestro dharma. En el āśram Amma tiene sus formas especiales de ayudar a los brahmacāris a ser regulares en esas prácticas. Pongamos un ejemplo: Hace poco Amma se enteró de que algunos brahmacāris habían estado faltando al arcana —la recitación del Lalita Sahasranāma[6], etc.— matutino, que empieza todos los días a las cinco menos diez de la mañana. Ese martes, cuando todos los residentes del āśram fueron a recibir el *prasād* de Amma, Amma leyó en voz alta el nombre de todos los que no habían ido. Entonces se pidió a todos los culpables que se presentasen.

—Esto es un āśram —dijo Amma—. Las normas y las reglas que hay aquí son en vuestro beneficio. Ahora tendréis que pagar las consecuencias. Tomad el plato y recorred el terreno del āśram dándole golpes con la cuchara y cantando "Asistiré al arcana. No repetiré ese error. Asistiré al arcana. No repetiré ese error".

Pronto el āśram se llenó del sonido de cucharas de acero golpeando platos de acero y el tímido canto de unos diez brahmacāris. Cuando volvieron, Amma dijo:

—Todos somos niños de guardería en espiritualidad. Tenemos que cumplir algunas normas y reglas. Todos nos enorgullecemos de nuestro cuerpo y nuestra apariencia. Recordaremos este castigo y eso nos hará ser más conscientes la próxima vez. Cultivando la conciencia podremos llegar a estar tan alertas que ni siquiera el pensamiento negativo más pequeño podrá entrar en nuestra mente sin que lo sepamos. Ese es el nivel de conciencia que hace falta.

[6] Los Mil nombres de la Madre Divina.

Titikṣa

Titikṣa es la capacidad de conservar la paciencia y la ecuanimidad mientras pasamos por las distintas experiencias de la vida, como el calor y el frío, el placer y el dolor, etc. En pocas palabras, significa aprender a adaptar la mente a la situación actual. Uno de los mejores ejemplos de Amma enseñando titikṣa se produce en sus giras por la India. Durante esas giras, los residentes del āśram viajan en autobús. Inevitablemente, los asientos dejan algo que desear en términos de espacio para las piernas, acolchamiento y amortiguación. Algunas veces los residentes del āśram incluso se turnan para estar de pie debido a la falta de asientos. En los pasillos de los autobuses se suelen amontonar toda clase de ollas, sartenes, cajas, baúles y altavoces. En algunos lugares las carreteras son bastante buenas, pero en otros parece que se está subiendo y bajando por los cráteres de la luna. Y las temperaturas son muy altas durante el día, y no hay aire acondicionado. ¿Qué es esto? En realidad, es una de las formas en las que Amma ayuda a sus discípulos a aumentar sus niveles de tolerancia. El dolor es relativo. Lo que para una persona es terriblemente doloroso, a otra persona de mente fuerte solo la hace encogerse de hombros. Si les dejaran a su suerte, ninguno haría un viaje así. Sin embargo, vemos que por las oportunidades de oro de pasar tiempo con Amma, no solo los residentes del āśram están deseando hacer esas giras, sino que también vienen devotos de todo el mundo. Entendiendo la necesidad de esas austeridades, pasan por ellas con gusto y acaban la gira mucho más fuertes mentalmente.

Śraddha

Śraddha es confianza y fe en las palabras del guru y en las escrituras. Nos puede parecer que tenemos mucha fe; pero si miramos de cerca a menudo vemos que nuestra fe es bastante limitada. Amma dice: "En estos días nuestra fe es como un miembro artificial.

Carece de vitalidad. No tenemos una conexión sincera con la fe, porque no ha arraigado adecuadamente en nuestra vida".

Una vez un hombre estaba caminando por la montaña, disfrutando del paisaje, cuando pisó demasiado cerca de un precipicio y se cayó por él. Desesperado, estiró las manos y se agarró a una rama de un viejo árbol que crecía en la pared del precipicio. Muerto de miedo, evaluó la situación. Había caído unos treinta metros por el precipicio y se encontraba a unos trescientos metros del fondo del cañón. Gritó:

—¡Ayúdenme!

Pero no hubo respuesta. Gritó una y otra vez, siempre inútilmente. Por fin, chilló:

—¿Hay alguien allá arriba?

De repente, una voz grave respondió:

—Sí, estoy aquí arriba.

—¿Quién es?

—Soy Dios.

—¿Puedes ayudarme?

—Sí, puedo ayudarte. Ten fe en mí.

—Vale, tengo fe. Ahora, ayúdame, ¡por favor!

La voz grave le respondió:

—De acuerdo. Quiero que tengas fe en mí y te sueltes.

Mirando a su alrededor, al hombre le entró el pánico. No podía creer lo que oía.

—¿Cómo?

La voz repitió:

—Ten fe en mí. Suéltate. Yo te agarraré.

En ese momento el hombre gritó:

—Esto... ¿hay alguien más ahí arriba?

La fe no es algo que pueda imponerse con disciplina. Sin embargo, Amma contribuye a que esta fe crezca en nosotros. Porque cuando un maestro iluminado habla, sus palabras tienen más fuerza de autoridad que ninguna otra, ya que las verdades que proclama son cien por cien su propia experiencia. Ninguna escritura, filósofo o erudito ejerce una influencia así. Cada acción y palabra del sadguru refleja el hecho de que está instalado en la verdad última y que es posible que todos nosotros comprendamos esa Verdad por nosotros mismos.

Además, en la vida espiritual vemos que la confianza genera más confianza. En la cultura india, la fe se cultiva desde la llegada del niño al mundo. Los *samskāras* —rituales de nacimiento, ceremonias de poner el nombre, rituales de la primera comida, ceremonias educativas, ritos nupciales, etc.— se entretejen durante toda la vida de tal manera que la persona se afianza cada vez más en el poder y la validez de la tradición religiosa y espiritual. Para cuando se llega al guru, la persona ya tiene una profunda fe en los principios espirituales por propia experiencia. Bajo la guía del guru, esa fe sigue madurando. Por ejemplo, a menudo el guru nos pedirá que realicemos una tarea que se encuentra fuera de nuestra zona de comodidad. Quizás nos pida que hagamos un trabajo para el que nos sentimos completamente incompetentes. Si tenemos fe en el guru y actuamos sin dudar, descubriremos que nuestros miedos eran infundados. Eso estimulará aún más nuestra fe. Por el contrario, si sucumbimos a nuestras inhibiciones y no obedecemos las palabras del guru, nuestros temores solo se harán más fuertes. Cuando está guiada por la fe, la mente es una excelente servidora; pero cuando le permitimos que lleve la batuta, se convierte en una ama tiránica.

Samādhāna

Samādhāna es la perfección en la concentración en un solo punto. Eso solo es posible mediante la realización de prácticas espirituales recomendadas por el guru, como la meditación, el *mantra japa* y otras formas de recitación y canto (se hablará de ellas en detalle en el capítulo ocho). Mientras nuestro anhelo de liberación no esté totalmente inflamado, si se nos deja a nuestro aire nuestra regularidad en esas prácticas puede flaquear un poco.

Sin embargo, en el āśram Amma tiene un horario estricto para todos los discípulos que les ayuda a conseguir la perfección en la concentración en un solo punto.

La concentración no solo es necesaria para ser capaz de centrarnos en la meditación o en las palabras de nuestro guru. También hace falta para alcanzar la meta de nuestra vida. A ese tipo de concentración Amma lo llama *lakṣya bodha*, conciencia de la meta. En el āśram de Amma encontraréis muchos lugares —ascensores, pantallas de ordenadores, volantes— donde la gente ha puesto pequeñas pegatinas que dicen "Recuerda recitar tu mantra". Cada pensamiento que tenemos sobre el guru puede servir igual que esa pegatina si tenemos la actitud correcta.

No hay que pensar que un día Amma nos llamará y nos anunciará que hoy comienza nuestra relación de guru y discípulo. Eso no funciona así. Valorando la madurez, la entrega, el desapasionamiento y el ansia de alcanzar la meta de cada persona, Amma actúa en consecuencia, teniendo siempre en cuenta la situación completa. Algunos están listos más o menos inmediatamente; a otros les hace falta un poco más de tiempo en el horno, por así decirlo. No hay blancos y negros. En la medida en la que estemos listos para la disciplina, Amma nos la dará. Además, todos somos diferentes: no todos necesitan la disciplina directa de Amma. Hay personas que llevan veinte años en el āśram a las que Amma nunca las ha corregido directamente de ninguna forma. Al mismo tiempo, hay devotos que nunca han pisado Amṛtapuri con los que Amma es muy estricta casi desde el principio. Todo eso es para mostrar que Amma tiene una visión más amplia que la nuestra, que tiene en cuenta el pasado, el presente y el futuro de cada persona y actúa en consecuencia.

Amma dice que no podemos dar una lista general de normas sobre cómo va a tratar el guru a un discípulo. "El guru guía al discípulo según las *vāsanas* [tendencias] que el discípulo ha adquirido durante muchas vidas", dice Amma. "Incluso en situaciones idénticas, el guru puede comportarse de manera bastante diferente con diferentes discípulos. No tendrá necesariamente sentido para vosotros. Solo el guru conocerá la razón. El guru decide qué procedimiento seguir para debilitar las vāsanas de un determinado individuo y llevarlo a la meta. El único factor que contribuye al progreso espiritual del discípulo es que se rinda a las decisiones del guru. Cuando dos discípulos cometen el mismo error, el maestro puede enfadarse con uno de ellos y ser muy amoroso con el otro, actuando como si nada hubiera sucedido".

En último extremo, el guru está debilitando el ego del discípulo. Es como un maestro escultor tallando una enorme roca. Desde la perspectiva de la roca, puede parecer muy doloroso; pero el maestro puede ver la bella imagen de Dios esperando en el interior. No es un proceso que pueda acelerarse. El guru avanza con cautela. Es un proceso que solo un maestro artesano puede llevar a cabo. Otros solo romperán la piedra y estropearán la belleza de la imagen que aguarda en el interior.

La única diferencia entre una piedra y un discípulo es que la piedra no tiene otra opción que entregarse. El discípulo siempre puede hartarse e irse, lo que sucede a veces. Algunos de los lugares que el guru golpea pueden ser muy dolorosos. Y una sadguru como Amma conoce todos los puntos exactos. En la India hay personas llamadas *mārmikas*, personas que conocen todos los diminutos puntos de presión del cuerpo y que pueden dejar inválida a una persona con un simple golpecito con un dedo. En cierto sentido, Amma es así. Con una frase puede dejarnos impotentes. Además tiene la capacidad de ocultárselo a todos los demás que están alrededor. A los demás les parecerá una gran broma, otra de las *līlas* [juegos divinos] de Amma, o incluso un cumplido. Solo la diana de Amma sabrá lo afilada y precisa que ha sido su flecha.

Recuerdo algo que sucedió hace varios años. Amma estaba dando darśan y un devoto le preguntó:

—Amma, siempre que vengo al āśram oigo muchos bhajans muy bonitos. ¿De dónde salen todos estos bhajans? ¿Quién los escribe?

Amma respondió:

—Hay muchas personas componiendo bhajans: devotos, brahmacāris, *brahmacārinis, swāmis*...

Después, señalando a un brahmacāri que estaba sentado cerca de ella, Amma dijo:

—Ha escrito algunas canciones muy bellas.

Aparentemente, Amma le estaba haciendo un cumplido al brahmacāri; pero en realidad era un golpe preciso del cincel de Amma. Efectivamente, el brahmacāri había escrito varios bhajans y se los había dado a Amma, pero Amma todavía no había cantado ninguno de ellos. De hecho, una semana antes se había quejado a Amma en relación con ese tema, diciéndole:

—Amma, te he ofrecido muchos bhajans, pero nunca has cantado ninguno. Otros te dan bhajans que sé que no son tan buenos como los míos e inmediatamente empiezas a cantarlos. Ya sé que es solo porque los quieres más que a mí.

Amma le había respondido:

—Hijo, dices que "le has ofrecido" esas canciones a Amma, pero, ¿lo has hecho realmente? Si alguien le ofrece verdaderamente algo a alguien, ya no es suyo. Ahora le pertenece a la persona a la que se ha ofrecido. Eso es una verdadera ofrenda. Parece que tu "ofrenda" lleva unidas muchas condiciones.

Estética y técnicamente, es posible que los bhajans compuestos por ese brahmacāri fueran de una calidad superior; sin embargo, como su guru, la principal preocupación de Amma no era cantar bhajans excelentes, sino darle una lección sobre el ego[7], que se manifiesta como la sensación de ser el que hace las cosas. Amma siempre piensa en nuestro bien más elevado. De hecho,

[7] Pocas semanas después Amma empezó de hecho a cantar algunos de los bhajans del brahmacāri.

aunque puedan ser dolorosas, esas experiencias son muy valiosas. Amma se está tomando tiempo para cincelar, corregir y pulir.

Recuerdo haber leído una vez una estrofa en alabanza del guru que decía:

> *Si te sientes como un ratón cuya cola ha quedado atrapada bajo la zarpa de un gato, sabe que el guru te está sosteniendo con todo amor en su corazón.*

Debemos mantener siempre esa comprensión viva en nuestro interior. De lo contrario, como el brahmacāri que le "ofreció" a Amma las canciones, podemos empezar a juzgar al guru, creyendo erróneamente que sus acciones se deben a un conjunto de gustos y aversiones y no a nuestro bien más elevado.

Recuerdo una familia que vivía en el āśram. Exteriormente estaban muy cerca de Amma; pero cuando el guru bhāva de Amma se manifestó con ellos, rápidamente hicieron las maletas y se fueron, diciéndole a la gente "¡Con Guruvāyūrappan[8] tenemos bastante!" Los devotos de Dios siempre le piden a Dios que adopte una forma y los visite; pero, cuando lo hace, a menudo en poco tiempo desean que se vaya por donde vino.

El guru interior

Un sadguru no solo señala nuestros defectos, sino que también nos ayuda a verlos por nosotros mismos. Poco a poco el mundo empieza a ser cada vez más como un espejo en el que se reflejan todas nuestras negatividades y defectos de carácter. De hecho, Amma dice que el objetivo del guru exterior es ayudarnos a despertar el guru interior. Cuando desarrollamos ese nivel de sintonía, todo el mundo se vuelve nuestro guru. Vemos las enseñanzas que hemos aprendido del guru exterior donde sea que miremos: nuestra vida familiar, profesional, social, y hasta en la Naturaleza. Así es como Amma dice que le sucedió a ella, incluso de pequeña.

[8] Śrī Kṛṣṇa tal como está instalado en un conocido templo de Keraḷa, cerca de Triśśūr.

"Todo lo que hay en este mundo es el guru de Amma", dice Amma. "Dios y el guru están dentro de todas las personas; pero, mientras el ego siga existiendo, no seremos conscientes de ello. El ego actúa como un velo y oculta al guru interior. Cuando descubras al guru interior percibirás al guru en todo lo que hay en el universo. Como Amma encontró al guru en su interior, todo, hasta el menor grano de arena, se convirtió en su guru. Entonces puedes preguntarte si hasta una espina era el guru de Amma. Sí, cada espina era su guru; porque cuando una espina se te clava en el pie prestas más atención al camino. De ese modo, la espina te ayuda a que no se te claven otras espinas e impide que te caigas en una profunda zanja. Amma también considera que su cuerpo es un guru, porque cuando pensamos sobre la naturaleza transitoria del cuerpo nos damos cuenta de que el Ser es la única realidad eterna. Todo lo que hay alrededor de Amma la llevó a la bondad y por eso Amma siente una sensación de veneración por todo lo que hay en la vida".

Llevarnos a ese punto es el trabajo del guru exterior; pero no es que el guru nos abandone cuando llegamos allí. Por el contrario, entonces el guru está con nosotros constantemente: comiendo con nosotros, caminando con nosotros, trabajando con nosotros, hasta durmiendo con nosotros. Y eso es así porque las enseñanzas del guru se han unido a nosotros y, vaya donde vaya nuestra mente, nos acompañan. Además, el conocimiento de que la esencia del guru, la conciencia, llena todo el cosmos también está con nosotros. Cuando llegamos a ese punto, es como si fuéramos en un tren rápido. Ya uno no se baja; toda la vida se está en comunión con el sadguru.

Capítulo 4

El papel del āśram de Amma

"Un āśram no es un mero conjunto de edificios, templos y árboles inanimados; al contrario, es la propia personificación de la gracia del sadguru. Es una institución vital, dinámica y viva que estimula la aspiración del estudiante sincero de lograr el estado de unidad".

—Amma

Para alguien interesado en progresar espiritualmente, no hay ningún lugar más favorable que el *āśram* de un maestro iluminado. Amṛtapuri es como una universidad, el lugar perfecto para aprender, practicar y asimilar las enseñanzas espirituales. Cuando se ha llegado allí ya no hace falta ir a ningún otro lugar.

Aunque Amṛtapuri parezca a menudo más un lugar de fiesta que de retiro, Amma nos proporciona todo lo que necesitamos para nuestro crecimiento espiritual, tanto en el nivel físico como en el sutil. En ese sentido, el āśram de Amma es de forma intencionada un microcosmos del "mundo real", donde nos encontramos con toda clase de personas y situaciones. Si tenemos la actitud correcta, eso nos ayudará a madurar espiritualmente. La experiencia del āśram puede compararse a aprender a nadar en una piscina a diferencia de zambullirse directamente en el mar. Al permanecer bajo el ojo protector de la experta socorrista que es Amma, podemos aprender y perfeccionar poco a poco todas las brazadas necesarias para mantenernos a flote en la vida. Desde entonces podemos nadar en cualquier lugar. Como dice Amma:

"Para el que ha llegado a dominar la natación, las olas del mar solo son un delicioso juego; pero para el que no sabe nadar son aterradoras y pueden llevarle a la muerte".

Para muchos, la primera vez que visitan el āśram de Amma es como una vuelta a casa. Nunca antes han estado allí, pero sienten como si, por primera vez en su vida, hubieran llegado realmente a casa. En el momento de la publicación de este libro, hay más de tres mil residentes fijos en el āśram viviendo en Amṛtapuri; una mezcla de sannyāsis, brahmacāris, brahmacārinis y seglares. Aparte de eso, como Amṛtapuri es uno de los cinco campus de la Universidad Amṛta, también es el hogar de unos tres mil estudiantes universitarios. Además, todos los días hay cientos de devotos de visita procedentes de todo el mundo. Algunos se quedan hasta seis meses. Luego están las miles de personas que vienen solo a pasar el día para recibir el darśan de Amma. En cierto modo, un āśram que en otra época solo era el hogar de los padres de Amma se ha transformado en un verdadero pueblo.

Amma compara a menudo el āśram a una gran familia extendida. En la India, la tradición es que cuando un hijo se casa su esposa se va a vivir con él y con sus padres, si no en la misma casa, al menos en el mismo recinto. Algunos de esos recintos son enormes. Recuerdo que en 2007 Amma visitó un lugar así cerca del templo de Śrī Raṅganāthan de Tiruccirapaḷḷi, en Tamil Nādu. Debía de haber setenta parientes viviendo juntos en un complejo de viviendas. Pero en realidad eso no es nada. En Lakkūr (Karṇāṭaka) hay una familia de ciento setenta miembros que viven juntos. En los viejos tiempos, la mayoría de las familias indias eran así. Ahora es más aceptada la familia nuclear. La actitud predominante es que dos padres y sus hijos son más que suficientes bajo un mismo techo. Y, en cuanto los hijos son lo suficientemente mayores, quieren irse y tener su propio lugar. Pero Amma dice que, si nos fijamos, vemos que los niños que se han criado en familias extendidas generalmente se vuelven más maduros y mentalmente fuertes que "el hijo único" o incluso que los hijos que han crecido con solo uno o dos hermanos.

Vivir en Amṛtapuri es igual, pero elevado a la enésima potencia. En el sistema de familia extendida, todos hablan el mismo idioma y tienen la misma cultura. En Amṛtapuri hay personas de más de cincuenta países distintos, que hablan docenas de idiomas. Amma compara tantas clases distintas de personas viviendo y trabajando juntas con echar cientos de piedras rugosas en un enorme tambor de pulir rocas. A medida que las piedras chocan, se golpean y se estrellan unas con otras, todos sus ásperos bordes se van desgastando. Al final, las piedras salen suaves, pulidas y brillantes.

En el mundo actual vemos justo lo contrario. Todos se esconden de todos. Los empleados se esconden del jefe. El marido se esconde de la esposa. La esposa se esconde del marido. Los hijos se esconden de los padres y hasta los padres se esconden de los hijos. Como dice Amma: "Si hay cuatro personas en una casa, todos viven como islas apartadas".

Esto me recuerda una viñeta que una vez me enseñó un devoto. En el dibujo se veía a la esposa, una mujer grande y de mucho peso que llevaba un rodillo de amasar. Estaba tratando de mirar debajo de la cama mientras gritaba: "¡Si eres hombre, sal de ahí debajo!" ¿Y quién estaba debajo de la cama? El marido. Era pequeño y delgado y estaba encogido en la esquina del lado más apartado de la cama. Desde allí le gritaba: "¡Soy el hombre de la casa! ¡Saldré cuando quiera!"

Pensamos que nuestro aislamiento es elegido; pero realmente solo estamos dejando que nuestra inseguridad y nuestro exceso de sensibilidad nos enjaulen. Reivindicamos "el espacio de debajo de la cama" con una gran sensación de victoria, dichosamente inconscientes de que estamos aislándonos del resto de la casa.

Actualmente, todos quieren su propia habitación, su propia oficina y su propio coche. En nuestras manos, hasta los aparatos que se han inventado para aumentar la interconexión, como los teléfonos móviles e internet, solo sirven para permitirnos aislarnos más que nunca. El resultado es una generación completamente incapaz de hacer frente a las menores dificultades con ecuanimidad mental. Cuando llega el conflicto, o nos hundimos en una depresión o montamos en cólera. En nuestro aislado mundo no hay nadie que mantenga a raya nuestro ego y nuestro egoísmo. Nos centramos totalmente en nosotros mismos, incapaces de tener en cuenta los sentimientos y las opiniones de los demás.

En 2007 Amma pronunció un discurso en el Festival de Cine Cinema Verité de París titulado "La compasión: el único camino hacia la paz". En ese discurso Amma habló largo y tendido sobre la falta de armonía entre la humanidad y la Naturaleza. También dió una lista de muchas acciones que la gente puede realizar para empezar a cambiar la situación. Una de las sugerencias era compartir el coche. Después de enumerar todos los beneficios inmediatos —menos contaminación, menos consumo de gasolina, menos tráfico, etc.—, Amma dijo: "Lo que es más importante: aumentarán el amor y la cooperación entre las personas". Así que, claramente, Amma piensa que este autoaislamiento ejerce una grave influencia negativa sobre la mente de los individuos y la sociedad en su conjunto. La vida del āśram funciona según el mismo principio: es como un gran viaje en coche compartido.

El āśram proporciona un ambiente ideal para realizar nuestras prácticas espirituales. En capítulos posteriores veremos que podemos dividir las prácticas espirituales básicamente en tres: karma yoga, meditación y búsqueda del autoconocimiento. Como explicaremos con más detalle en el capítulo cinco, el karma yoga está destinado principalmente a ayudarnos a lograr vairāgya: superar nuestros gustos y aversiones para que podamos tener, al menos, un nivel relativo de ecuanimidad mental. No hay mejor lugar que Amṛtapuri para esa práctica espiritual. Para superar algo, primeros tenemos que ser conscientes de su presencia. En Amṛtapuri no hay lugar donde enclaustrarse, no hay camas bajo las que esconderse. Si insistimos en aferrarnos a nuestros gustos y aversiones, Amṛtapuri puede no ser un lugar muy cómodo. Por el contrario, si se entiende que los gustos y las aversiones son limitaciones y, en último término, algo indeseable, Amṛtapuri se convierte en el campo de entrenamiento perfecto.

En el āśram, la ocasión de hacer tapas [austeridad aceptada por uno mismo] también es omnipresente. Se puede aprender paciencia haciendo la cola de la comida o la que se hace para recibir el darśan de Amma. Se puede practicar titikṣa [indiferencia ante la dificultad] caminando contra corriente entre la muchedumbre de personas que hay en días festivos como Oṇam o el cumpleaños de Amma. Se puede superar la dependencia del sueño quedándose despierto para estar con Amma. Se puede superar la dependencia de la comida sabrosa. Se puede descubrir que en realidad no hace falta una cama lujosa en la habitación para dormir, sino que se puede dormir como un bebé en una esterilla de paja con dos personas más en una habitación de cuatro por cuatro metros. Se puede superar la aversión al ruido y aprender a estar tranquilo en todos los entornos.

Alguien me contó una vez el siguiente chiste sobre un país en el que todo tardaba mucho en conseguirse. A un hombre le hace falta un coche, así que va a un concesionario que le enseña dos modelos. Escoge el que quiere y paga el coche. El vendedor le dice:

—Su coche estará listo para recogerlo exactamente dentro de diez años.

El hombre le responde:

—¿Por la mañana o por la tarde?

El vendedor le dice:

—¿Qué más da?

El hombre responde:

—Es que el fontanero va a venir por la mañana.

La idea no es que el āśram sea como un país que funciona ineficazmente. Ni que haya que sufrir innecesariamente. La idea es, más bien, que las cualidades positivas como la paciencia pueden desarrollarse si nos tomamos con calma las situaciones desafiantes y las hacemos frente con una actitud positiva. Además, la presencia y la vibración de Amma ayudan a nuestra mente a permanecer centrada a pesar de los retos que surjan.

En relación con la segunda práctica espiritual, la meditación, Amṛtapuri también es un lugar bendito. Casi es una paradoja. ¿Cómo puede un lugar que bulle como una colmena de ruido y actividad ser propicio para la meditación? Cuando la gente visita Amṛtapuri por primera vez, esta es una duda común. Sin embargo, si aguantan unos cuantos días, pronto verán que logran paz interior, a pesar de la conmoción exterior. Aunque pueda haber diez mil personas en el āśram, sigue habiendo una sensación de soledad. Eso es algo que solo puede atribuirse a la presencia de Amma, una maestra viva. De hecho, también es la presencia de Amma la que nos ayuda a soltar nuestros gustos y aversiones y entregarnos por medio del karma yoga. La presencia de un alma completamente iluminada es algo totalmente extraordinario y transformador.

"Por mucho que cavemos en determinados lugares, no necesariamente vamos a encontrar agua", dice Amma. "Si, por el contrario, cavamos al lado de un río, podemos obtener agua fácilmente, no tenemos que cavar muy hondo. Del mismo modo, la proximidad de un sadguru hace que la tarea espiritual como discípulo resulte más fácil. Se puede disfrutar de los frutos de las prácticas sin mucho esfuerzo".

La mente de Amma, que ha comprendido la verdad suprema, está siempre saturada de dicha. Su mente es tan pura que irradia una vibración de paz y tranquilidad. Esa vibración se extiende hacia afuera y afecta la mente de los que están cerca de Amma. Llena todo el āśram. Por eso mucha gente se siente inmediatamente más relajada y tranquila cuando entra en el terreno del āśram. Hasta periodistas sin ninguna inclinación espiritual se refieren a menudo a esa experiencia. Es como el fenómeno de la vibración simpática, en el que una entidad que vibra a una determinada frecuencia hace que otras entidades se pongan a vibrar también a la misma frecuencia. Ese fenómeno es el que se simboliza en pinturas de distintos santos, en las que leones y corderos aparecen yaciendo tranquilamente junto a ellos. La poderosa vibración pacífica de la mente del mahātma neutraliza el temor del cordero y la ferocidad del león.

Al āśram vienen toda clase de personas. Algunos simplemente se bajan del barco turístico que navega por la ría. A menudo esas personas llevan visiblemente el peso del mundo sobre los hombros. Aunque estén de vacaciones, puede verse que a muchos de ellos les pesan muchísimo las cargas de la vida. Tengo que admitir que cuando veo a esas personas se me despierta el interés. ¿Por qué? Porque sé que si se quedan una o dos semanas veremos una enorme transformación en ellos. Empezarán a caminar de otra manera, a hablar de otra manera, a sonreír de otra manera... Parecerán más sanos física y mentalmente. Una luz especial llega a sus rostros, donde antes había sobre todo nubes oscuras. Solo puedo atribuirlo a la profunda y poderosa vibración que irradia de Amma. Y es esa poderosa vibración la que hace que nuestra mente se vuelva naturalmente meditativa. Por eso es por lo que alrededor de Amma a la gente le resulta mucho más fácil recitar su mantra con concentración, visualizar sus objetos elegidos de meditación y, en general, permanecer centrados en Dios.

En relación con el jñāna yoga, de nuevo Amṛtapuri proporciona un entorno ideal. No es solo que Amma dé charlas y realice sesiones de preguntas y respuestas habitualmente, sino que también hay clases regulares de escrituras fundamentales como las upaniṣads, la Bhagavad Gīta y los Brahma-Sūtras. La extraña belleza de las sesiones de preguntas y respuestas de Amma está en que Amma no le impide a nadie hacer una pregunta. Además, siempre responde según el nivel de comprensión del que pregunta. Esas respuestas hechas a medida sencillamente no pueden encontrarse en los libros. Amṛtapuri es el lugar perfecto para estudiar las escrituras, aclarar las dudas que se tengan y, en última instancia, asimilar el conocimiento espiritual. En la paz del āśram de Amma se está más fácilmente reflexivo, se es más fácilmente capaz de funcionar desde distintos grados de sākṣi bhāva [la actitud de testigo] y de reflexionar sobre la verdad del Ser.

Amma dice que el suelo de Amṛtapuri se ha labrado con sus propias lágrimas, con las austeridades que ha realizado y que sigue realizando en beneficio del mundo. Eso es lo que ha hecho que la tierra aquí sea sagrada. Como tal, Amṛtapuri es el terreno más fértil que se puede encontrar para cultivar la bhakti, la devoción a Dios. Amma no define la bhakti como devoción a una forma específica de Dios. Dice, por el contrario, que es la forma más pura de amor, un amor sin límites, expectativas o restricciones. Su culminación es la entrega total a lo divino. Dependiendo del estado de desarrollo del buscador, la devoción se manifiesta de diversas maneras; pero el sentimiento interior siempre permanece, solo se hace más fuerte. Muchos vienen a Amṛtapuri sin siquiera entender el significado de la palabra "devoción"; pero, a pesar de ello, pronto la bhakti nace en su interior. Escuchando los sentidos bhajans de Amma o viendo los éxtasis que experimenta cuando pronuncia los nombres de Dios, pronto nos sentimos transformados y nuestro corazón se expande en el amor a Dios. La bhakti se convierte de un concepto abstracto en el centro de quienes somos.

Solo con pasear por el āśram nos sentimos inspirados para realizar nuestras prácticas espirituales y perseverar en ellas. En casi todos los sentidos es justo lo contrario de nuestro hogar familiar. Como mucho, la familia le dedica una pequeña habitación a Dios; el resto es para la familia. El āśram es como vivir dentro de una enorme habitación de pūja[1]. El hogar de una familia está organizado para nuestra comodidad. Las fotos de los miembros de la familia en las paredes, los recuerdos de nuestras vacaciones, la televisión, el suave sofá... todo es un constante recordatorio de nuestra imagen limitada y un llamado a abrazar la comodidad mediante los sentidos. En casa, a menudo somos los únicos que

[1] En la India, tradicionalmente se dedica una habitación de la casa a la oración, la meditación y el culto.

queremos levantarnos temprano, recitar el arcana, practicar meditación, estudiar las escrituras, etc. Cuando estamos en silencio, la familia celebra una fiesta. Cuando intentamos ayunar, cocinan nuestro plato favorito. Recuerdo que una vez alguien me enseñó una historieta sobre este asunto. Sentado en su dormitorio de clase media había un adolescente vestido de brahmacāri: las vestiduras, la cabeza afeitada a excepción del mechón y una pandereta de bhajans en la mano. De pie en la puerta estaban sus padres, que no parecían muy satisfechos con el camino elegido por su hijo en la vida. El pie de la ilustración decía: "Tu padre y yo solo queremos que sepas que estamos contigo al cien por cien si decides volver a ser un drogadicto".

El āśram es justo lo contrario. En el āśram todas las imágenes son de dioses o mahātmas. Se mire donde se mire, se ven a personas vestidas con el uniforme de la pureza y la renuncia. Todo está empapado del recuerdo de Amma. Sus huellas cubren el terreno del āśram. Vemos la ría y nos acordamos de la época en la que veíamos a Amma cruzarla en el bote de la aldea, o de las historias que hemos oído contar a Amma de cuando nadaba con sus amigos de la infancia. Vemos el mar y pensamos en Amma sentada en la orilla cantando "Sṛṣṭiyum Nīye" beatíficamente. Y, por supuesto, siempre que está en el āśram, se puede ir en cualquier momento a verla dar darśan. ¡Y bhajans con Amma todas las noches! No hay un ambiente más inspirador que el āśram de un maestro vivo.

Ese es el poder de la saṅgha, la compañía espiritual. Todos se levantan temprano. Todos meditan. Todos van a los bhajans, etc. La gente se ayuda mutuamente a despertarse cuando no oyen el despertador por la mañana, etc. Eso nos ayuda a perseverar en momentos en los que, si nos dejaran por nosotros mismos, abandonaríamos. Es como aprender el alfabeto en una escuela en lugar de hacerlo solo.

Las cuatro etapas de la vida

El plan védico de la vida consta de cuatro *āśramas* [etapas de la vida]: el *brahmacārya āśrama*, el *gṛhastha āśrama*, el *vānaprastha āśrama* y el *sannyāsa āśrama*[2]. Según ese sistema, los chicos se iban a vivir a un āśram de los siete a los veinte años como brahmacāris para estudiar materias tanto seculares como no seculares con el guru. Después, la mayoría continuaba con el gṛhastha āśrama [la vida de seglar], mientras que unos cuantas personas excepcionales lo suficientemente desapasionadas como para saltarse el matrimonio pasaban directamente al *sannyāsa āśrama* [la vida monástica]. No se entraba en la vida de seglar para enfangarse en los propios deseos. Se utilizaba como un vehículo para satisfacer en cierta medida los deseos, pero también para purificar la mente mediante el karma yoga. De ese modo, se desarrollaba la madurez que viene con la compresión de que la felicidad permanente nunca puede llegar satisfaciendo los propios deseos. Cuando los hijos de la pareja ya estaban criados y los padres no tenían responsabilidades, estos dejaban su casa para llevar una vida de meditación en el bosque: el vānaprastha āśrama. Finalmente, cuando estaban mentalmente preparados, cortaban incluso su vínculo como marido y mujer y entraban en el sannyāsa āśrama.

!La vida de āśram no es para huir de nuestras responsabilidades. Una vez que nos hemos comprometido con un camino en la vida, debemos seguirlo hasta el final. En el āśram de Amma, la mayoría de los que se incorporan como brahmacāris o brahmacārinis son licenciados universitarios que todavía no se han casado. Esas personas, de veintitantos años, entran con la intención de dedicar toda su vida al camino espiritual. No hacen votos externos, pero esa es su intención. Entran en el āśram en lugar de casarse. Amma a menudo recomienda que los que están

[2] Los cuatro *āśramas* [etapas de la vida] son la vida de estudiante, la vida de seglar, la vida de ermitaño y la vida de monje, respectivamente.

interesados en llevar una vida así pasen primero uno o dos años en el āśram, viendo como su mente responde a las normas y las reglas de este. Después, si creen que tienen el desapasionamiento necesario, pueden incorporarse. Tras vivir en el āśram muchos años, algunos de ellos son iniciados formalmente en el brahmacarya y la propia Amma les da las vestiduras amarillas. Los brahmacāris y brahmacārinis son monjes en formación. Viven según estrictas normas de conducta, estudian las escrituras y purifican su mente mediante la seva y la meditación.

Además de los brahmacāris y las brahmacārinis, Amṛtapuri también es el hogar de cientos de familias, tanto indias como extranjeras, que han decidido vivir y criar a sus hijos aquí. Algunos de ellos siguen trabajando fuera. Otros pueden dedicarse completamente a los distintos proyectos e instituciones de seva del āśram. También hay muchas parejas jubiladas que viven en el āśram. De modo que el gṛhasthāśrami [seglar] y el vānaprastha āśrami [ermitaño retirado] también tienen un hogar en Amṛtapuri.

Finalmente, están los sannyāsis, antiguos brahmacāris que han sido iniciados por orden directa de Amma en una vida de completa renuncia, que ya no viven por motivos egoístas sino completamente dedicados a servir al mundo. La opinión de Amma es que un sannyāsi debe hacer un voto de servir al mundo desinteresadamente. Tiene que comprender que no es el cuerpo, la mente ni el intelecto, y, en consecuencia, debe instalarse en el ātma [Ser]. Hablando ante una reunión de sannyāsis en 2007[3], Amma presentó su visión del sannyāsa. Dijo: “Un verdadero sannyāsi es alguien que puede permanecer satisfecho incluso mientras realiza cualquier acción. El Ātma samarpaṇam [autoentrega] es el secreto de la felicidad. Eso significa que el sannyāsi debe ser capaz de realizar acciones sin apego. Ese desapego solo es posible por medio

[3] El Sannyāsi Saṅgha, que formaba parte del 75 Aniversario de la Peregrinación a Śivagiri del Śrī Nārāyaṇa Guru Dharma Saṅgha y tuvo lugar el 24 de septiembre de 2007 en el Śivagiri Maṭh de Varkkala (Tiruvanantapuram, Keraḷa).

de la entrega. Un corazón lleno de compasión, la disposición a sacrificarse producida por ese corazón y la felicidad que se experimenta al sacrificar así la comodidad personal por el bien de los demás hacen que las acciones de un sannyāsi sean incomparables y extraordinarias. Solo un verdadero sannyāsi puede provocar un cambio real en los demás". De hecho, el sannyāsa, al menos como estado mental, es el objetivo último de la vida espiritual. Las personas de todos los demás āśramas [etapas de la vida] se esfuerzan por llegar a él. Es la culminación de la vida humana.

Por tanto, podemos ver que en el āśram de Amma hay sitio para todos, siempre que se tengan la madurez y el desapasionamiento necesarios para llevar una vida sencilla, dedicada al progreso espiritual. Sin embargo, no hace falta que todos los devotos de Amma se vengan al āśram. Puede no convenirles en su situación actual. Es una decisión personal. Más importante que mudarse a Amṛtapuri es convertir nuestros propios hogares en āśrams. Vive la vida conservando tus responsabilidades familiares y purificándote la mente poniendo en práctica las enseñanzas de Amma. Trata a todos los miembros de tu familia como personificaciones de Dios y sírvelos y ámalos como tales. Un hogar así es un verdadero āśram. Como dice Amma: "Un verdadero gṛhasthāśrami es el que ha convertido su gṛham [hogar] en un āśram".

Amma insiste una y otra vez en que más importante que la proximidad física es la "sintonía" mental. Amma dice: "Donde hay amor, no hay distancia. El loto puede estar a millones de kilómetros del sol, pero, a pesar de ello, cuando el sol brilla sus pétalos se abren. Por el contrario, aunque estés sentado junto a una torre de radio, si tienes la radio sintonizada en la frecuencia incorrecta, no puedes disfrutar de los programas. El mosquito solo encuentra sangre en la ubre de la vaca, nunca leche".

Uno de los regalos que Amma nos ha dado son los miles de grupos de satsaṅg de Amma que hay por todo el mundo. Gracias a estos centros, āśrams y casas de devotos que sirven de lugar de encuentro, podemos pasar a menudo tiempo con otros devotos, cantar bhajans, recitar los nombres divinos y participar en proyectos de servicio desinteresado. Eso nos ayuda a conservar la inspiración y el entusiasmo respecto a las prácticas espirituales. También puede ser un sistema de apoyo en tiempos de problemas y turbulencias personales. Pero debemos recordar que los grupos de satsaṅg están para ayudarnos a orientar nuestra vida hacia sat, la Verdad, y no para otras cosas. Deben ser lugares donde vayamos a descansar de la vida mundana, lugares para el crecimiento espiritual. Por tanto, debemos dejar a la entrada todo el cotilleo, las charlas mundanas y la competencia.

Además, todos pueden —y últimamente parece que todos lo hacen— *visitar* Amṛtapuri. Pasar unos cuantos días, semanas o meses en el āśram de Amma es una forma maravillosa de obtener inspiración y reforzar el vínculo con Amma. Ven, quédate unas semanas o unos meses, recarga la batería espiritual y después llévate a Amma y el āśram de vuelta a casa contigo.

Capítulo 5

Purificación mediante el karma yoga

"El servicio desinteresado es el jabón que purifica la mente".

—Amma

Una impureza es un elemento extraño que se introduce en algo que, por lo demás, es homogéneo. Los seres humanos no pueden aceptar la impureza ni física ni mental. En el nivel físico, si en el cuerpo aparece una mancha, la mano irá de forma natural a esa zona y tratará repetidamente de quitársela. Lo mismo sucede en el nivel mental. La impureza mental llega principalmente en forma de deseo: nuestros gustos y aversiones. En su verdadero estado original, la mente es como la superficie clara y tranquila de un lago, un velo casi transparente mediante el cual puede experimentarse claramente la dicha del Ser. Los deseos son como rocas arrojadas a ese lago. Cuanto más intenso sea el deseo —más grande la roca— más intensa será la alteración mental. Una forma de acallar la alteración es satisfaciendo el deseo. Así es como viven la mayor parte de las personas, persiguiendo eternamente lo que les gusta y huyendo de lo que les desagrada, sin entender nunca la verdadera motivación psicológica que impulsa sus acciones, que es simplemente experimentar paz.

Desafortunadamente, como nos dice Amma, es imposible desarraigar permanentemente un deseo satisfaciéndolo. Cuando eliminamos la impureza del deseo satisfaciéndolo, el deseo solo se acalla temporalmente. Antes o después, vuelve con más intensidad, creando una alteración mental aún mayor. El ciclo es interminable. Amma compara el fenómeno con rascarse una herida que pica: temporalmente se puede sentir algo de alivio; pero pronto la picazón empieza de nuevo, solo que esta vez es peor a causa de la infección. O podemos decir que el deseo es como un matón, que siempre nos está presionando para que le demos dinero. Si nos doblegamos, mañana volverá a por más. Si nos pidió veinte dólares la primera vez, la segunda nos pedirá treinta. En lugar de apaciguarlo debemos ahuyentarlo. Del mismo modo, viendo el fallo intrínseco de intentar lograr una paz duradera mediante la *satisfacción* del deseo, las escrituras nos dicen que lo intentemos *trascendiendo* el deseo.

La trascendencia total del deseo solo llega con *mokṣa* [la liberación], la culminación de la vida espiritual, en la que se comprende con convicción indudable que "yo no soy el cuerpo, las emociones o el intelecto, sino la conciencia siempre dichosa y eterna que es el mismo centro de mi ser". Solo esa comprensión puede erradicar completamente el deseo, porque la causa de la que procede el deseo es la ignorancia de quiénes somos. Como nos identificamos con el cuerpo, tememos las lesiones y la muerte. Como nos identificamos con el *prāṇa* [la energía] que hay dentro de nuestro cuerpo, tememos la enfermedad. Como nos identificamos con la mente y sus gustos y aversiones, nos disgustamos cuando las circunstancias externas no se adaptan a ellos. Todo ello solo por una simple confusión sobre quiénes somos. El cuerpo, la mente emocional y el intelecto son todos entidades finitas y limitadas. Si nos identificamos con ellas, es natural que nos sintamos también finitos, limitados e incompletos. Entonces empezamos a tratar de cambiar la situación. ¿Cómo lo hacemos? Miramos alrededor, vemos determinadas cosas que no tenemos y pensamos "si tuviera aquello...". Así empieza el círculo vicioso. Ninguna medicación exterior va a curar la herida interior, aunque pueda aliviarla temporalmente.

Aunque la trascendencia total solo puede producirse con la compresión adecuada de nuestra verdadera naturaleza, esa comprensión es un proceso muy sutil. Como tal, no puede tener lugar en una mente perpetuamente alterada por deseos. Parece una situación sin salida, como si los santos y los sabios nos estuvieran diciendo: "No se puede trascender el deseo sin una mente tranquila". Y, cuando les preguntamos cómo podemos lograr esa mente tranquila, nos dicen: "Trascended los deseos". ¿Tenemos alguna esperanza? Ahí es donde entra el *karma yoga*. Con el karma yoga podemos superar en gran medida nuestros gustos y aversiones, volviendo la mente más apta para el sutil proceso del conocimiento del Ser. Ese es el objetivo último del karma yoga. Sin embargo, como veremos, el beneficio del karma yoga no consiste solo en que sea un escalón hacia el conocimiento del Ser; el karma yoga también tiene ventajas inmediatas por sí mismo.

Karma yoga significa "el yoga de la acción"[1]. Es un método para actuar de manera que comprendamos que somos uno con el *ātma*, con el Ser. Sin embargo, en la Bhagavad-Gīta Kṛṣṇa se refiere a menudo al karma yoga como *buddhi yoga*, el yoga del intelecto, porque no se basa en una determinada acción, sino en una determinada actitud. Cualquier acción, desde pasear al perro a una *pūja* tradicional o diseñar un puente, es karma yoga cuando se realiza con la actitud correcta. En cambio, hasta el ritual védico más elaborado o el servicio desinteresado son meras acciones si no se realizan con actitud de karma yoga.

Dos miembros del partido de la oposición embarcaron en un avión para realizar un corto vuelo a la capital. Uno se sentó en el asiento de la ventanilla y otro en el de enmedio. Después, justo antes de despegar, embarcó un miembro del partido del gobierno que se sentó en el asiento del pasillo. Tras el despegue, se quitó los zapatos, movió los dedos de los pies y, cuando estaba poniéndose cómodo, el miembro de la oposición del asiento de la ventana dijo:

---

[1] *Yoga* procede de la raíz *yuj*, unir; *karma* significa "acción".

—Creo que iré a buscar una coca cola.

—No hay ningún problema —dijo el miembro del partido del gobierno—. Te la traigo yo como un servicio al país.

En cuanto se fue, el miembro de la oposición agarró rápidamente el zapato derecho del otro hombre y escupió en él.

Cuando el miembro del partido del gobierno volvió con la coca cola, el otro miembro de la oposición dijo:

— Oye, tiene buena pinta. Creo que me tomaré otra.

De nuevo, el miembro del partido del gobierno fue amablemente a por ella en nombre del país. Y, en efecto, en cuanto se fue, el otro zapato fue rápidamente cogido y escupido. Cuando volvió con la coca cola, los tres hombres se reclinaron en sus asientos y disfrutaron del corto vuelo.

Cuando terminó el vuelo, el miembro del partido del gobierno se volvió a poner los zapatos e inmediatamente se dio cuenta de lo que había sucedido. Con un dejo de tristeza en la voz, dijo:

—¿Durante cuánto tiempo tiene que seguir esto, esta lucha de partidos, este odio, este rencor... este escupir en zapatos y orinar en coca colas?

En este chiste podemos ver que, a no ser que conozcamos toda la situación, nuestra comprensión de una acción es bastante limitada. Del mismo modo, solo cuando conocemos la actitud mental y la verdadera motivación con la que se ha realizado una acción podemos determinar si ha sido o no karma yoga.

Como siempre nos recuerda Amma, los resultados dependen de un inmenso entrecruzamiento de factores, de los cuales nuestras acciones solo son uno. El karma yogi, aceptando esta realidad, se centra en la acción y acepta con ecuanimidad cualquier resultado que llegue. Esa es la actitud que Kṛṣṇa le está aconsejando adoptar a Arjuna cuando dice:

karmaṇyevādhikāraste mā phaleṣu kadācana |

"Intenta cumplir tu deber; pero no reclames sus resultados".

Bhagavad-Gīta, 2.47

Si la analizamos, veremos la lógica irrefutable de esta afirmación. Después, vivir en consecuencia no es tanto tener un punto de vista espiritual como simplemente saber moverse en el mundo.

Pongamos el ejemplo de una entrevista laboral. Podemos ensayar durante semanas para la entrevista con un amigo que nos haga las preguntas corrientes y nos ayude a perfeccionar nuestras respuestas. Controlamos totalmente el traje y el color de la corbata que elegimos. Podemos practicar la sonrisa en el espejo, practicar para conseguir estrechar firmemente la mano, comprar unos zapatos de trescientos dólares y pagar cien dólares por un corte de pelo. En el ámbito de la acción, podemos planear, pensar y calcular tanto como sea posible; más o menos tenemos todo bajo control. Incluso cuando el entrevistador ya ha hecho las preguntas, más o menos controlamos lo que decimos. Sin embargo, en cuanto hablamos perdemos el control: la acción nos ha dejado y estamos sometidos a las leyes de causa y efecto tal y como las dictan las fuerzas universales. El entrevistador puede estar de buen o mal humor según las interacciones anteriores que haya tenido ese día. Nuestras respuestas pueden desencadenar recuerdos positivos o negativos en su mente. Cualquier cosa puede suceder. Cuando salgamos de su oficina, no sirve de nada preocuparse por los resultados, porque no tenemos control sobre ellos. Por mucho que nos preocupemos sobre cómo habrán sido recibidas nuestras respuestas, la percepción que el entrevistador haya tenido de nosotros no cambiará.

Cuando entendamos que tenemos control sobre las acciones, pero no sobre sus resultados, dejaremos de preocuparnos por los resultados y nos centraremos en cambio en perfeccionar la acción. Una persona así es un karma yogi. Se mueve por la vida relativamente impasible, viviendo tranquilamente en el momento presente.

Actitudes de karma yoga

Uno de los aspectos más bellos del karma yoga es que puede aplicarse con distintas variaciones sutiles. Siempre que su esencia —"hazlo lo mejor que puedas y acepta lo demás"— no se altere, podemos modificar el concepto para adaptarlo a nuestra mentalidad. Una actitud popular consiste en considerar que Dios o el guru es el amo y nosotros el servidor; pero ni siquiera hace falta creer en Dios para hacer karma yoga. Mientras se acepten las leyes fundamentales de la acción —que controlamos nuestras acciones, pero no sus resultados—, hasta un ateo puede hacer karma yoga. Como dice Amma: "No importa si se cree o no en Dios mientras se sirva adecuadamente a la sociedad". Mientras nuestra atención no se centre en los resultados sino en la acción, recibiremos los beneficios vinculados con el karma yoga. Dentro de estos parámetros, podemos elegir libremente nuestro concepto.

Vemos que en la infancia de Amma ella realizaba todas las tareas domésticas como si las estuviera haciendo para Kṛṣṇa[2]. De esa forma, Amma llevaba a cabo todas las acciones —barrer, lavar, cocinar, ocuparse de la vacas, etc.— con tierno amor, cuidado y devoción. Recuerdo un episodio que sucedió hace varios años, cuando Amma estaba ayudando a un nuevo *brahmacāri* [discípulo estudiante] a adquirir esta actitud. Un día, durante el *darśan*, el brahmacāri le habló a Amma de todas las diferentes *sevas* en las que estaba ocupado. Como la propia Amma no le había dicho directamente que las hiciera todas, quería asegurarse de que fueran sevas que realmente Amma quería que hiciera.

[2] Amma dice que tenía una comprensión plena de su verdadera naturaleza desde que nació. Por tanto, su motivación para realizar cualquier práctica espiritual, sea *karma yoga*, meditación o contemplación, solo era y sigue siendo servir de ejemplo.

Amma le respondió afirmativamente y después, para que la cosa le quedara clara, dijo: "Soy *yo* la que te dije que hicieras todas esas cosas". Después de este darśan, pudo ver que todos los trabajos venían directamente de Amma y, de ese modo, aplicar la actitud adecuada a su trabajo.

La Bhagavad-Gīta subraya la actitud de karma yoga de ver todas nuestras acciones como *yajña:* una ofrenda a Dios como expresión de gratitud por todo lo que nos ha concedido en la vida. Si lo pensamos, Dios nos ha dado muchísimo, pero normalmente lo damos todo por supuesto.

Había una vez un hombre que cada día de paga le daba diez dólares a un determinado mendigo. Lo hizo durante varios años. De repente, un día el hombre empezó a darle solo tres dólares. Un par de meses después, el mendigo le dijo:

—Oye, durante años me has dado diez dólares. Ahora, de repente, solo tres ¿Qué ha pasado?

El hombre respondió:

—Bueno, verás, ahora tengo un hijo y voy un poco justo de dinero.

El mendigo le respondió inmediatamente:

—¿Cómo? ¿Quieres decir que estás criando a tu hijo con mi dinero?

El cuerpo, la familia, el hogar, la mente, los sentidos, incluso el universo entero, todo son regalos con los que Dios nos ha bendecido. Al realizar acciones como yajña agradecemos esa verdad.

Un devoto compartió conmigo la siguiente historia que sirve como ejemplo de esta idea. Lo habían operado recientemente y había pasado una semana en el hospital. Cuando le dieron el alta, examinó la cuenta detallada. Uno de los cargos —mil quinientos dólares— era por el oxígeno. Me dijo:

—Swāmiji, no me había dado cuenta de que el aire fuera tan caro. Llevo sesenta años respirando aire veinticuatro horas al día, pero Dios todavía no me ha enviado la factura.

Lo que dijo era cierto. Llevamos toda la vida viviendo en la tierra, pero Dios nunca nos envía la factura del alquiler. De hecho, los cinco elementos —espacio, viento, fuego, agua y tierra— son solo de Dios. Por tanto, en esta segunda actitud de karma yoga reconocemos esta realidad y realizamos nuestras acciones como pequeña muestra de gratitud por todo lo que Dios nos está dando.

Tradicionalmente, un yajña es una forma de culto en la que se ofrecen distintas oblaciones al Señor, bien vertiéndolas en un hoyo con fuego bien dejándolas a los pies de un ídolo o una pintura. Cuando el yajña ha terminado, una parte de lo que se ha ofrecido se toma como *prasād* [ofrenda consagrada]. Mediante esa actitud llegamos a ver todas nuestras acciones como ese yajña. En consecuencia, vemos todos los resultados de nuestras acciones como prasād de Dios. De hecho, Amma dice que el verdadero culto a Dios no se reduce a sentarse en una habitación de pūja ofreciéndole flores a una imagen o a un ídolo veinte minutos al día. La vida entera debe convertirse en adoración. El culto de la habitación de pūja simboliza cómo debe llegar a ser la propia vida. En la pūja todo está en miniatura. El Señor omnipresente y todopoderoso se reduce a un pequeño ídolo. La ofrenda de todas nuestras acciones se simboliza ofreciendo flores. Nuestra acción concentrada y devota de unos minutos simboliza una vida entera de adoración. Como dice Amma: "Tu corazón es el verdadero templo. Ahí es donde debes instalar a Dios. Los buenos pensamientos son las flores que hay que ofrecerle. Las buenas acciones son el culto. Las buenas palabras son los himnos. El amor es la ofrenda divina". Cuando vemos todo lo que recibimos en la vida como prasād de Dios, no hay lugar para el estrés, el temor, el desasosiego, etc. por los resultados. Si logramos ver todo como prasād de Dios, nunca nos deprimirá lo que nos llegue en la vida. Al aceptar, sentimos paz: lo que he recibido ha sido un valioso regalo de Dios, igual que lo que estoy recibiendo ahora, y también cualquier cosa que reciba en el futuro.

Una actitud adecuada para los buscadores espirituales de orientación intelectual es simplemente comprender la necesidad de trascender los gustos y aversiones desde el gran proyecto del conocimiento del Ser. Al aceptar racionalmente esa lógica, el buscador traslada la atención de los resultados a la acción sencillamente para purificar su mente de deseos.

Otra actitud que Amma menciona a menudo es no considerarnos el que realiza la acción, sino el instrumento con el que se realizan las acciones. En este sentido, Amma dice: "Al realizar acciones debemos tratar de vernos como un instrumento en manos de Dios, como el bolígrafo en manos de un escritor o un pincel en manos de un pintor. Nuestra oración debe ser: 'Oh, Señor, déjame volverme un instrumento más y más puro en tus manos'". Un instrumento no tiene opiniones o deseos propios; solo hace lo que desea quien lo maneja. Si Dios es quien nos maneja, nuestro único deseo será vivir según el *dharma:* realizando las acciones ordenadas por nuestro guru y las escrituras y absteniéndonos de las prohibidas por ellos.

Sea cual sea nuestra actitud, si somos serios lograremos inmediatamente una relativa ecuanimidad mental. Por eso, cuando le enseña karma yoga a Arjuna, Kṛṣṇa dice: *samatvaṁ yoga ucyate*[3], "el [karma] yoga es la ecuanimidad". Por su actitud, la mente del karma yogi ya no sale corriendo a toda velocidad detrás de los objetos sensibles ni huye de ellos. Eso lo coloca en una mejor posición para ver la vida más claramente; para reflexionar, valorar y analizar racionalmente sus experiencias vitales. Cuando eso suceda, algunas verdades se volverán evidentes para él. Mire donde mire, siempre que actúe, donde quiera que vaya, esas verdades le saltarán a la vista. Esa experiencia ejercerá una influencia radical e irreversible en su pensamiento.

---

[3] Bhagavad-Gīta, 2.48

La naturaleza de los objetos

Así que, ¿cuáles son algunas de esas verdades manifiestas? Primero, empezaremos a ver que todos los logros de este mundo están mezclados con dolor, para alcanzarlos, para mantenerlos y, por supuesto, al perderlos. En segundo lugar, veremos que todos los objetos tienen la posibilidad de hacernos depender de ellos. Y, por último, llegaremos a entender que ningún objeto proporciona una verdadera satisfacción. Esos son los tres defectos de intentar encontrar la felicidad mediante los objetos exteriores.

Para lograr cualquier cosa, hace falta algún grado de lucha. Cuanto mayor sea el logro, más difícil será la lucha. Por ejemplo, llegar a ser el gobernante electo de un país: aparte de todo el trabajo inicial que hace falta solo para llegar a ser candidato, hay que viajar, dar discursos, ser paciente y correcto con todo el mundo. En algunos países también puedes tener que mantener debates, estrechar manos e incluso besar a bebés. También hay que tener cuidado con cada palabra y acción, porque si se comete el menor desliz la prensa y los otros candidatos están dispuestos a hacerte pedazos. Un hombre dedicado a la política me dijo recientemente que durante una campaña muchos candidatos tienen incluso que recurrir a tomar pastillas para mantener el ritmo de los agotadores programas. Así que, ciertamente, hay lucha y dolor para llegar. Después, si se tiene la suerte de ser elegido, hay que ser incluso más astuto: guerras, problemas económicos, malestar social, el presupuesto... Todas las decisiones serán analizadas y escudriñadas y la oposición siempre está dispuesta a acusarte de delitos. Si no te sale una úlcera en las elecciones, indudablemente la lucha por mantener el cargo hará que te salga una. Así que también hay dolor para mantenerlo. Y, por último, cuando acaba el mandato y, a pesar de toda la lucha, hay que dejar el cargo, se siente uno deprimido. No hace falta que se trate de un ministerio o de la presidencia; muchas veces a la gente le cuesta dejar su empleo cuando llega el momento de jubilarse. Pierden la sensación de utilidad que les daba su trabajo. Así que, sin duda, también hay dolor en la pérdida.

La siguiente verdad que comprendemos con nuestro mayor nivel de introspección que el karma yoga ha hecho posible es que nada de lo que logramos nos deja nunca verdaderamente satisfechos. ¿No observamos que, en cuanto obtenemos un aumento, empezamos a pensar en el siguiente? Al principio nos bastaba con un cassette. Después fueron los reproductores de CDs. Luego, los reproductores de mp3. Después el iPod, el iPod Touch, el iPhone... Seguro que para cuando salga este libro habrá algo completamente nuevo. La tecnología y los avances científicos no tienen nada de malo. Esa no es la cuestión. El asunto es que siempre pensamos que la satisfacción está justo a la vuelta de la esquina, cuando consigamos el café, el aumento de sueldo, la esposa, el hijo, la casa soñada, la jubilación... Pero eso es una ilusión. Ningún objeto puede darnos satisfacción eterna.

Una vez leí un ensayo de un hombre que había superado recientemente su obsesión por los coches. Contaba que al comprarse un determinado coche le había dado una nueva mano de pintura y laboriosamente lo había frotado a mano hasta que estuvo brillante. Después repitió el proceso. Estaba aún mejor. Hizo lo mismo otra vez y notó una clara mejora. Decidió darle una tercera capa... una cuarta... una quinta... una sexta... *Treinta y dos* capas de pintura después, el hombre se dio finalmente cuenta de que estaba yendo por un mal camino. No había fin. Con cada capa de pintura, el coche estaba más glorioso bajo el sol. Se preguntó: "Si treinta y dos capas de pintura le dan este aspecto tan bueno, ¿cómo estará con ciento treinta y dos?" Comprendió que tenía dos opciones: dedicar su vida a perseguir lo imposible o vender el coche.

La conciencia que hace posible el karma yoga nos ayuda a darnos cuenta de la inutilidad de perseguir la satisfacción en las búsquedas y los logros materiales. Algunos se dan cuenta después de dos capas de pintura; otros después de veintisiete; otros siguen añadiendo capas hasta la muerte, solo para reanudar la búsqueda en la vida siguiente.

Por último, el karma yoga nos ayuda a ver que podemos acabar dependiendo fácilmente de cualquier objeto, sea el café, la televisión, el internet, los teléfonos móviles o la pizza... Realmente tiene razón el dicho: "Primero yo lo poseí, y luego eso me poseyó a mí".

Una vez, un guru le estaba enseñando a su discípulo la naturaleza de la propiedad. Le dijo:

—Puedes pensar que posees un determinado objeto o persona; pero al mismo tiempo ese objeto o persona también te posee a ti.

Cerca había un vaquero que sostenía un ternero con una cuerda. El guru se acercó y liberó al ternero. El ternero inmediatamente salió disparado. Horrorizado, el vaquero se fue corriendo detrás del ternero. El guru dijo:

—¿Ves? ¿Quién está atado a quién? La vaca estaba atada al vaquero por una cuerda, pero el vaquero está atado a la vaca por su apego.

Por supuesto, los ejemplos más toscos son las drogas y el alcohol. Cuando la gente empieza a beber, siempre acaba perdiendo la capacidad de ser feliz sin la bebida. Pero hasta las relaciones pueden llegar a ser así. Cuántas veces hemos oído a alguien decir después de una ruptura: "No puedo vivir sin ella".

Cuando hemos visto estos defectos intrínsecos de intentar lograr la felicidad plena por medio de los objetos del mundo, los objetos empiezan naturalmente a perder su brillo. En el Vedānta, a esta comprensión se la llama *vairāgya* [desapasionamiento], y, como explicamos en el capítulo tres, es una cualidad indispensable para quien espera lograr el conocimiento del Ser. ¿Cómo podemos meditar, estudiar las escrituras y dedicarnos a la contemplación si nuestra mente está encaprichada con los objetos del mundo? Además, a menos que tengamos desapasionamiento por los objetos del mundo, nunca empezaremos a buscar la verdadera fuente de la felicidad. Solo cuando nos hartemos de lo efímero empezaremos a buscar adecuadamente lo eterno.

Un bhajan que Amma escribió titulado "Īśvarī Jagad-Īśvarī" ilustra bellamente el despertar de ese conocimiento y su efecto sobre la personalidad:

He visto que esta vida de placeres mundanos está llena de miseria.
No me hagas sufrir haciéndome como las polillas
que caen en el fuego. ...
Lo que se ve hoy no estará aquí mañana.
Personificación de la conciencia, ¡oh, tus juegos divinos!
Para lo que existe realmente no hay destrucción.
Lo que se puede destruir no existe realmente.
Por favor, sé bondadoso y muéstrame el camino hacia la liberación, ¡oh, ser eterno!

Como somos aspirantes espirituales, nuestro vairāgya debe ser intenso. Para explicar esta idea, un santo del siglo trece llamado Sant Jñāneśvar escribió en su comentario de la Bhagavad-Gīta que debemos adquirir el mismo desapasionamiento por los placeres sensibles que tendríamos respecto a usar una pitón como almohada, entrar en la guarida de un tigre o saltar en un pozo de hierro fundido (De hecho, estos son sus ejemplos más suaves). La idea es que en esta etapa de la vida espiritual no hay que ver los placeres sensibles solo como despreciables, sino como mortales.

Según las escrituras, el vairāgya adecuado solo llega cuando somos capaces de extender lo que hemos aprendido sobre los defectos de los objetos sensibles que *hemos* experimentado a todos los objetos sensibles, hasta aquellos que *no* hemos experimentado. No debería hacer falta comerse una fuente entera de chiles rojos para saber que los chiles son picantes.

Una vez, un príncipe fue coronado rey. Tras su coronación, nombró inmediatamente ministro a su amigo de toda la vida, que era muy inteligente. La primera instrucción del rey fue que recopilara un archivo en el que analizara toda la historia conocida. El ministro se puso a trabajar de inmediato. Diez años después, volvió con una colección de cincuenta libros en los que se detallaban y comentaban complejamente todos los acontecimientos conocidos que habían tenido lugar desde el origen del hombre. El rey estaba en su parque de recreo en ese momento, con los mejores músicos del país dándoles una serenata a él y a su reina. Echó un vistazo a los cincuenta volúmenes y dijo:

—Es demasiado. Por favor, ¿puedes intentar reducirlo?

El ministro asintió y se marchó. Volvió diez años después, esta vez con una colección de diez volúmenes. Pero el rey estaba de nuevo muy ocupado, porque una epidemia había caído recientemente sobre el país y se encontraba completamente dedicado a poner remedio a la situación.

—¡Vaya, estoy muy ocupado! —le dijo al ministro—. Y todavía es demasiado largo. ¿Puedes reducirlo más?

De nuevo el ministro asintió y se retiró. Regresó cinco años después. Esta vez solo traía un libro.

—Aquí está —le dijo—. Un volumen que contiene solo la estructura básica de la historia humana.

Pero hacía poco se había producido un enfrentamiento entre dos grupos de súbditos y el rey estaba ocupado acabando con el problema. Miró el grueso libro, y después a su amigo, y dijo:

—Lo siento, pero todavía es demasiado. Sencillamente no tengo tiempo. Por favor, intenta reducirlo más.

Un año más tarde, el ministro terminó la tarea. De algún modo había conseguido reducir la historia a un solo capítulo; pero cuando llegó al palacio vio que el rey se estaba preparando para una batalla, porque un reino vecino había empezado a invadir su territorio.

—No tengo tiempo —le dijo el rey yéndose al galope—. ¡Intenta reducirlo más!

Una semana más tarde, el ministro llegó a los cuarteles del rey, a un kilómetro más o menos detrás del frente. Allí encontró al rey en cama, muriéndose por una herida mortal. El ministro miró a su amigo moribundo, tan frágil y agotado por la vida, y le dijo:

—Lo hice, mi señor. Lo he reducido a una página.

El rey miró a su ministro y le dijo:

—Lo siento, mi buen amigo, pero en cualquier momento exhalaré mi último aliento. Por favor, rápidamente, antes de que me muera, dime la esencia de lo que has aprendido en todos estos años de estudio.

El ministro asintió y, con una lágrima en el ojo, dijo:

—La gente sufre.

La historia atestigua esa verdad. Nadie ha logrado nada nunca sin pasar por el dolor de la lucha. Ningún objeto sensible ha dado nunca satisfacción definitiva a nadie. Y nadie ha obtenido nunca felicidad de ningún objeto sin exponerse a la posibilidad de volverse dependiente del mismo. Algunos de nosotros aprendemos estas lecciones rápidamente; a otros les lleva vidas enteras.

Muchas personas creen que se sentirán satisfechos yendo a la escuela, pero no funciona. Entonces intentan buscar satisfacción en una carrera profesional, y no funciona. Después intentan lograr la satisfacción en el matrimonio, y por supuesto tampoco funciona. Después muchos siguen pensando que es solo porque no han encontrado al cónyuge adecuado. Así que se casan por segunda vez, por tercera, por cuarta... Algunos incluso recorren todas las distintas nacionalidades en esa búsqueda: un cónyuge estadounidense, un cónyuge indio, un cónyuge alemán, un cónyuge japonés… Los santos y sabios nos dicen: "Cásate si quieres, pero no busques ahí la satisfacción. No hay nada en ninguno de los tres mundos que pueda dártela. Para eso debes volverte hacia el interior".

Como se mencionó brevemente en el capítulo anterior, superar nuestros gustos y aversiones no quiere decir represión. Los santos y los sabios saben que la represión nunca funciona. Al final solo acabará en una crisis. Nuestra trascendencia debe llegar por medio de la comprensión adecuada, también llamada sublimación.

Una vez, un aspirante espiritual principiante se acercó a su guru y le confesó que estaba teniendo pensamientos sobre mujeres. Cada vez que se sentaba a meditar, empezaban a danzar en su mente las visiones de distintas modelos y jóvenes estrellas de cine. Se sentía realmente angustiado. El guru escuchó en silencio cómo el discípulo se lamentaba por su difícil situación, pero no dijo nada. Sin embargo, al día siguiente el guru llamó al discípulo y le entregó un objeto pequeño y fino envuelto en un periódico. Le dijo al discípulo que se lo llevara a su habitación, lo abriera y pusiera el objeto a la izquierda del ídolo central de su altar. El discípulo se despidió del guru y siguió sus instrucciones. Sin embargo, al desenvolver el objeto vio que se trataba de la imagen de una mujer bella y seductora. Se quedó horrorizado. Volvió corriendo donde el guru y le dijo:

—¿Qué es esto? Te abro mi corazón para confesarte un grave problema y a cambio tú te burlas de mi dándome esta foto. ¿Qué pasa aquí?

Sin embargo, el guru no le respondió. Simplemente cerró los ojos y se puso a meditar. El discípulo se sentía irritado, pero finalmente se calmó. Al cabo de un rato pensó: "Vale, mi guru es un maestro iluminado. No sería capaz de engañarme. Quizás esto tenga algún sentido". Y colocó la imagen en su altar junto al ídolo central.

Ahora, cuando el discípulo se sentaba para hacer sus meditaciones diarias, había dos "dioses" delante de él: el Señor Infinito y su estrella de cine. Lo más frecuente era que se encontrara meditando en la mujer. Se imaginaba viajando con ella, bromeando con ella, compartiendo su corazón con ella y casándose con ella. Cada día era una nueva aventura y cada vez esperaba con más ansia sus sesiones de meditación.

Pero entonces, una mañana, cuando él y su nueva esposa caminaban en su mente por la orilla del mar, un apuesto desconocido atrajo repentinamente la atención de la mujer. Pronto ambos se fugaban juntos, dejando completamente solo a nuestro joven discípulo. Él trató de ponerse en contacto con ella, pero ella no respondía a sus llamadas. Estaba triste y desconsolado. Por fin ella se puso en contacto con él con una demanda de divorcio. Se imaginó los procedimientos judiciales. A ella le correspondió todo lo que él tenía. Al final se quedó sin un duro, emocionalmente destrozado y solo.

El discípulo abrió los ojos y volvió a la realidad. Al hacerlo, las dos imágenes yuxtapuestas de su altar lo miraban. Al ver las imágenes una junto a la otra, entendió la perfección y el desinterés del amor divino y el egoísmo del amor mundano. Comprendiendo que su maestro no se había estado burlando de él al darle la foto sino que en realidad había estado obrando desde el nivel más profundo de compasión, corrió hasta él y se postró a sus pies.

El guru no quería que su discípulo *reprimiera* sus pensamientos sobre mujeres. Quería que los *trascendiera* comprendiendo la naturaleza del amor mundano. Al hacerle poner las fotos una junto a la otra, provocó la comparación y, finalmente, el desapasionamiento del discípulo.

De hecho, el discípulo de la historia era de un alto nivel. Fue capaz de adquirir desapasionamiento con la mera contemplación. No le hizo falta satisfacer realmente su deseo. Sin embargo, muchos carecen de ese nivel. Cuando los deseos llegan, hay que tratar de anularlos utilizando la capacidad de pensamiento discernidor; pero si siguen molestándonos podemos tener que satisfacerlos. Siempre que estén de acuerdo con el dharma, no tiene nada de malo. Sin embargo, cuando se satisfacen los deseos hay que mantenerse consciente, tratando de ver las limitaciones del objeto deseado y, de ese modo, adquiriendo la fuerza mental necesaria para trascenderlo. Cuando nuestra comprensión sea clara, nuestro encaprichamiento con las comodidades y los placeres del mundo llegará naturalmente a su fin. Como dice Amma: “No te bañas en un río para siempre; te bañas en él para salir fresco y limpio”.

Sobre este asunto hay una estrofa de la Muṇḍaka Upaniṣad que dice:

parīkṣya lokān karma-citān
brāhmaṇo nirvedamāyāstyakṛtaḥ kṛtena |

"Después de examinar y ver los defectos de todo lo que puede adquirirse mediante la acción, comprendiendo la verdad de que nada eterno puede lograrse mediante la acción, una persona sabia debe renunciar a la acción[4]".

Muṇḍaka 1.2.12

Así, hasta que lo tengamos claro, los santos nos dicen que pongamos a prueba el mundo. Sal y examina los placeres y las comodidades del mundo, comprueba lo que pueden ofrecerte. Experimenta por ti mismo. Pero cuando hayas visto los defectos de intentar obtener la felicidad a partir del mundo, entiende que todo lo que hay en él tiene los mismos defectos. No hace falta probarlo todo. Así que, a partir de ese momento, deja de realizar acciones para lograr la felicidad y, en lugar de eso, busca el conocimiento del Ser, la verdadera fuente de toda dicha. A partir de ese momento seguiremos actuando (todavía tenemos que comer, ¿verdad?), pero cortamos la conexión mental entre la acción y la felicidad. Entonces pasamos de las acciones egoístas a las desinteresadas.

Los beneficios del karma yoga

El principal objetivo del karma yoga es alcanzar el desapasionamiento por los logros y los objetos del mundo y avivar el fuego de nuestra búsqueda del Ser; pero, como se dijo en la introducción de este capítulo, el karma yoga tiene algunos beneficios propios. Es una actitud favorable que puede adoptar hasta una persona considerada "no espiritual".

[4] Aquí "acción" se refiere a las acciones egoístas, no a las acciones desinteresadas realizadas para purificar la mente como parte del camino espiritual.

El primer beneficio del karma yoga es que de hecho nos ayuda a realizar mejor nuestras acciones. Volvamos al ejemplo de la entrevista de trabajo con que empezamos el capítulo. Como entiende que solo tiene control sobre la acción y no sobre los resultados, la concentración del karma yogi no se divide. Está cien por cien concentrado en la acción; en ese caso, en escuchar las preguntas, pensar sobre ellas y responderlas. Obviamente, una persona que pone toda su atención rinde más que una cuya atención está dispersa. Al estar preocupado por cómo se haya percibido su respuesta a la primera pregunta del entrevistador, el que no es karma yogi no podrá centrarse adecuadamente en la segunda pregunta.

En ningún ámbito se ha aceptado más esta idea que en el mundo del deporte. El año 2000, un psicólogo deportivo llamado H.A. Dorfman escribió un libro titulado "El ABC mental del lanzamiento: Un manual para mejorar los resultados", que ha sido leído y alabado por lanzadores profesionales de béisbol. Dorfman dice que al lanzar solo hay que pensar en tres cosas: la selección del lanzamiento, la ubicación y el guante del receptor, que es su diana[5]. Si se ve que otros pensamientos entran en mente, hay que parar y tomarse un momento para reorganizar la cabeza antes de continuar. Al final, Dorfman concluye que un lanzador no debe juzgar su actuación por lo bien que los bateadores a los que se enfrentó batearan sus lanzamientos, sino por si hizo o no los lanzamientos que quería hacer.

¿Por qué la gente "se ahoga" en los deportes? Porque se centra en la posibilidad de perder. La mayoría de nosotros podemos recordar alguna situación de nuestra infancia en la que estábamos jugando a algo y el final decisivo del partido dependía de nosotros... y nos entró el pánico y la fastidiamos. El baloncesto constituye uno de los mejores ejemplos. Si en baloncesto se comete una falta sobre un jugador, frecuentemente este tiene la opción de

[5] En el críquet esto sería la selección de la pelota, la línea y la longitud, y las estacas.

lanzar dos tiros libres. Para un jugador de baloncesto profesional, un tiro libre es relativamente fácil. Tiene la oportunidad de lanzar dos tiros a cinco metros de distancia, delante de la canasta y sin nadie que le defienda. La media de aciertos de la NBA [Asociación Nacional de Baloncesto] es de aproximadamente un setenta y cinco por ciento. Pero, ¿qué pasa en situaciones de mucha presión? Por ejemplo, en los dos últimos minutos de un partido cuando ninguno de los equipos gana por más de tres puntos. La presión se siente mucho más. ¿Por qué? Es exactamente el mismo tiro; no debería haber ninguna diferencia. Pero si dejamos que la mente se centre en la importancia del tiro en lugar de en el propio tiro, nuestra actuación se resentirá. Según las estadísticas, la media de aciertos en la NBA (2003–2006) disminuye en un 2,3 por ciento en situaciones de emergencia como la mencionada más arriba. En resumen: lo hacemos mejor cuando nos centramos en la acción y no en los resultados.

Eso no quiere decir que no haya que tener en cuenta los resultados. Cuando los resultados llegan hay que evaluarlos con calma y lógicamente. Basándonos en esa evaluación —lo que salió bien, lo que salió mal, etc.— la siguiente vez podemos adaptar nuestras acciones en consecuencia.

Otro beneficio del karma yoga es que, de hecho, nos ayuda a disfrutar de la vida. Más o menos, siempre estamos realizando acciones. Sin embargo, los principales resultados de esas acciones solo llegan ocasionalmente. Si nos centramos en la acción, podremos disfrutar de la propia acción, de la paz y la dicha de una mente sumergida en su trabajo. Por ejemplo, lavar los platos. Si nuestro foco mental se centra en que todos los platos estén limpios y secos en el armario, solo experimentaremos gozo cuando el último plato limpio y seco esté de nuevo en su sitio. Sin embargo, si nos centramos en la acción, disfrutamos de toda la duración del trabajo. Estoy seguro de que esto es algo de lo que todos nos hemos dado cuenta. Si estamos centrados en terminar, el trabajo es una lata. Si nos entregamos al momento, se convierte en una experiencia gozosa, se trate de lavar los platos, cavar una zanja o planchar la ropa.

En este sentido, merece la pena señalar que, hasta para disfrutar de los objetos sensibles que la vida tiene para ofrecernos, hay que cultivar al menos un grado relativo de control de los deseos. De otro modo, mientras intentamos disfrutar de un objeto sensible, el deseo por otro puede distraer nuestra atención y, de algún modo, echar a perder la intensidad de nuestro disfrute. Supón que estás disfrutando de un banquete de bodas. Todos tus platos favoritos están ahí para ti: arroz, *sāmbār*, *dāl*, diferentes deliciosos currys, distintas clases de encurtidos, rodajas fritas de plátano, budín, etc. Empiezas a comer e inmediatamente te transportas a un cielo de placer de los sentidos. Pero de repente te das cuenta de que te has quedado sin curry de garbanzos. Sigues comiendo, pero ahora tienes la mente dividida. Una parte está centrada en localizar al camarero que lleva el curry de garbanzos para repetir. Todavía disfrutas de la comida que tienes delante; pero no con el mismo entusiasmo que si estuvieras centrado al cien por cien en ella.

Cuando me incorporé al *āśram* solo éramos unos pocos. Salvo cuando Amma estaba dando darśan, más o menos la teníamos toda para nosotros. Es bastante difícil de imaginar pensando en los miles y miles de personas que vienen actualmente al darśan de Amma. Podíamos sentarnos junto a ella hora tras hora y hablar con ella con libertad, sin tener que pensar nunca en otros que también quisieran hacerlo. Recuerdo que una vez, durante un Devi Bhāva, Amma me llamó a su lado. Empezó a hablar conmigo de distintas cosas, respondiendo a mis preguntas y, en general, cubriéndome de amor. En un momento dado puso mi cabeza sobre su regazo dejando que me quedara allí mientras seguía dando darśan. Creo que me quedé así más de una hora. Visto desde fuera, ¿podría haber un cielo mayor? Sin embargo, había un problema: al cabo de una media hora, cuando otro brahmacāri empezó a tocar el *tabala* [tambores], me di cuenta de que me tocaba a mí. En aquella época tenía una gran pasión por tocar el tabala. Justo estaba empezando a tocarlo y por eso me entusiasmaba mucho. Ese otro brahmacāri y yo nos turnábamos (y también puede que hubiera *algo* de competencia entre nosotros). Con la cabeza sobre el regazo de Amma, pensé: "¡Qué tipo más arrogante! Sabe que me toca a mí tocar. Debería haber venido aquí y pedido permiso para quedarse con mi turno". Pronto, aunque mi cabeza reposaba en el lugar más tranquilo del mundo, mi mente estaba completamente pendiente de ese otro brahmacāri y de cómo tocaba el tabala. Mientras le escuchaba tocar, me imaginaba que, en realidad, el sonido lo hacía yo tocando el tabala... bien fuerte sobre *su cabeza.* Por supuesto, Amma sabía lo que estaba pensando. En cuanto terminó la sesión de bhajans, Amma me dijo que me levantara y dejara a alguna otra persona que se sentara con ella. Por mi intenso deseo de tocar el tabala, había perdido tanto la ocasión de tocar como de disfrutar plenamente de estar en presencia de Amma. Ahora puedo decir con seguridad que ya nadie puede darme envidia tocando el tabala; pero hoy ya no tengo ocasión de posar mi cabeza en el regazo de Amma durante una hora.

Por eso Amma dice que el verdadero infierno no es ningún plano físico, sino un estado mental. Y lo mismo el cielo. Una mente verdaderamente purificada de sus gustos y aversiones puede ser feliz en cualquier lugar, sea un infierno físico o un cielo físico. Del mismo modo, una mente llena de deseos insatisfechos puede estar en el infierno aunque se encuentre en un cielo físico.

En la Gīta hay una célebre estrofa que presenta otro beneficio más del karma yoga:

nehābhikramanāśo'sti pratyavāyo na vidyate |

"En el karma yoga nunca se malgasta ningún esfuerzo,
ni hay ningún efecto dañino".

Bhagavad-Gīta, 2.40

La idea es que si fracasamos en una acción realizada con la actitud de karma yoga no hay pérdida, porque aprenderemos de nuestros errores y obtendremos purificación mental. Sin embargo, si fracasamos en acciones en las que nuestra atención principal se centra en el resultado, la pérdida es total. Imaginaos simplemente a un escritor que se pasa años escribiendo y corrigiendo un libro y al final descubre que nadie está interesado en publicarlo. Si su único interés era convertirse en un novelista famoso y de superventas, su pérdida es total. Se siente totalmente frustrado al ver todos sus años de esfuerzo yéndose por el desagüe. Y en la depresión de su fracaso ni siquiera aprende nada. Sin embargo, si hubiera escrito el libro con la actitud de karma yoga, habría aprendido muchísimo sobre escribir, publicar, la naturaleza humana y sobre sí mismo en general.

Realizar el trabajo como karma yoga no solo beneficia al individuo, sino también a la sociedad en su conjunto. Como el karma yogi siempre aspira a la perfección de la acción, siempre realiza el trabajo dando lo mejor de sí. Desafortunadamente, lo más frecuente actualmente es que la actitud que predomine en el lugar de trabajo sea: "Haz lo mínimo y consigue lo máximo".

En este sentido, alguien compartió conmigo en una ocasión una lista de trucos para parecer ocupado mientras en realidad no se está haciendo casi nada. Mis tres favoritos eran: 1) Nunca limpies tu escritorio, porque un escritorio desordenado da la impresión de que no se tiene ni un segundo que perder en cosas tan insignificantes como la limpieza. 2) Si llevas gafas, deja unas viejas en el escritorio como si fueras a volver enseguida. Después, vete a casa. 3) Cómprate un collarín, píntalo del color de tu piel y duérmete con él puesto en el escritorio estando sentado.

Las personas que siempre estén pendientes solo del sueldo aplicarán la ley del mínimo esfuerzo siempre que puedan, dormirán en el trabajo y, en general, holgazanearán. Si es posible, llegarán tarde, ampliarán la pausa de la comida y se irán media hora antes. Eso es lo que solemos ver en muchas oficinas.

Fue la actitud de karma yoga la que marcó la diferencia del trabajo de ayuda al tsunami del Āśram respecto a lo que hizo el gobierno. Al final, el Āśram fue la primera organización de la India en terminar las casas de ayuda al tsunami construidas según las pautas del gobierno. Recuerdo que Amma una vez habló de la rapidez del trabajo hecho por el Āśram: "Los brahmacāris trabajaron día y noche", dijo. "Amma llamaba a menudo al brahmacāri encargado y le preguntaba cómo iba el trabajo y, a cualquier hora que Amma llamara, él estaba allí trabajando: a medianoche, a las dos de la madrugada, a las cuatro de la madrugada. ¿Sería igual con trabajadores remunerados? No, ellos trabajan solo ocho horas al día parando tres veces para comer y dos más para tomar té".

Imaginad que nuestro planeta entero adoptara la actitud de karma yoga respecto al trabajo. Imaginad un mundo donde la gente no solo trabajara por el salario sino también porque vieran todas sus acciones como una adoración. ¡Qué productivo y eficiente se volvería el mundo!

Por último, aunque no tengamos en cuenta el hecho de que es un paso decisivo para trascender todo el sufrimiento mediante el conocimiento del Ser, el karma yoga nos libra de sufrir antes de la iluminación. Para comprenderlo, puede ser útil consultar otra estrofa de la Gīta en la que Kṛṣṇa explica por qué la gente sigue realizando acciones pecaminosas aunque comprenda que no es sensato hacerlo:

kāma eṣa krodha eṣa rajoguṇa samudbhavaḥ |
mahā-śano mahā-pāpmā viddhyenam-iha-vairiṇam ||

"Es el deseo y la ira que proceden de la agitación mental; sabe que esta es insaciable, la raíz de todo pecado y el mayor enemigo que hay en este mundo".

Bhagavad-Gīta, 3.37\

Cuando son lo suficientemente intensos, los deseos pueden presionarnos para actuar de un modo egoísta, aunque sea a costa de la felicidad y la armonía del prójimo. Según la ley del karma, esas acciones regresan a nosotros antes o después bajo la forma de experiencias negativas. De hecho, todas las circunstancias adversas y las situaciones dolorosas que experimentamos actualmente son resultado de alguna acción egoísta que hemos realizado en el pasado, sea en esta vida o en otra anterior. ¿Por qué hemos realizado esas acciones egoístas? Porque nuestros deseos se escaparon de nuestro control. Con el karma yoga nuestros deseos se mantienen al menos a raya, ya que logramos el control necesario para cumplir siempre el dharma. De esta forma, vamos por un camino en el que solo cosecharemos buen karma en el futuro.

Con esos ejemplos podemos ver que aplicar la actitud de karma yoga a nuestra vida no solo nos purifica la mente, preparándola para el proceso de conocimiento del Ser, sino que también produce muchos beneficios en el aquí y ahora: nos ayuda a amar la vida, aprender de la vida y devolver a la vida más que antes.

Aunque todas nuestras acciones puedan (y, en el caso de un buscador espiritual, deban) realizarse con la actitud de karma yoga, Amma subraya la importancia de tener esa actitud en relación con la seva, el servicio desinteresado. De hecho, en términos generales, las acciones pueden clasificarse en tres categorías: *niṣkāma*, *sakāma* y *niśiddha*, que son, respectivamente, las acciones desinteresadas, la acciones nacidas de los gustos y aversiones personales y las acciones prohibidas por ser perjudiciales para nosotros mismos, la sociedad y la Naturaleza. Obviamente, cuando comprendemos que una acción está prohibida debemos dejar de realizarla. De otro modo, seguro que recogeremos su resultado negativo. Pero un buscador espiritual no solo debe abstenerse de las acciones prohibidas, sino que también debe reducir poco a poco las acciones egoístas y sustituirlas por desinteresadas.

A los principiantes Amma les aconseja que empiecen dedicando solo media hora diaria a trabajar en beneficio de los demás. Tanto si es un voluntariado en algún lugar o sencillamente donar una parte de nuestro salario, esto nos pondrá en movimiento en la dirección correcta. A partir de ahí, podemos intentar aumentar poco a poco, cuando podamos, la cantidad de acciones desinteresadas que hacemos. De esa forma, esa media hora puede significar el comienzo de una transformación gradual. Muchas personas descubren que ese trabajo acaba gustándoles y después, cuando se jubilan, en lugar de disfrutar solo del fruto del trabajo que han realizado a lo largo de su vida, siguen trabajando para elevar a los demás. Nuestros deseos egoístas van siendo reemplazados por el deseo de purificar la mente o el deseo de ayudar al mundo. A diferencia de los deseos egoístas, esos deseos son medios para la liberación. Para un buscador no son inconvenientes, sino activos que hay que buscar y cultivar. Esos son los deseos que nos ayudan a superar todos los demás deseos.

Capítulo 6

Ampliar nuestra visión

Debemos intentar ver a Dios en todos.

—Amma

Como parte del karma yoga, las escrituras hablan de cinco formas de adoración que todos deben realizar durante toda la vida. Se llaman los *pañca mahā-yajñas*, las cinco grandes formas de adoración. Tanto si somos conscientes de ello como si no, de hecho Amma nos está guiando, mediante las actividades sociales y espirituales emprendidas por el Āśram, según esas tradiciones ampliadoras de la mente, todas las cuales son foros ideales para aplicar la actitud de karma yoga.

El primer yajña se llama Brahma Yajña (algunas veces conocido como Ṛṣi Yajña). Es una expresión de gratitud hacia todos los antiguos sabios que nos han mostrado el camino hacia la libertad del dolor. Se lleva a cabo aprendiendo y propagando las enseñanzas de nuestro guru y de las escrituras. Amma dice: "Una de las formas de expresar nuestra gratitud a los *mahātmas* es practicando lo que nos han enseñado y transmitiendo ese conocimiento a los demás". De hecho, los mahātmas como Amma no desean nuestra adoración o gratitud. Como han logrado la total satisfacción en el Ser, están completos tal y como son. El Brahma Yajña beneficia al adorador, a la sociedad y a toda la creación. Quien estudia las escrituras aprende todo sobre la vida y cómo vivir armónicamente con el prójimo y con la Naturaleza. Además, cuando compartimos con los demás lo que hemos aprendido, también hacemos realidad su derecho de nacimiento a ese conocimiento. Si todos permitieran que su sabiduría espiritual muriera con ellos, no habría esperanza para las generaciones futuras.

Obviamente, como hijos de Amma, todos estamos realizando este yajña regularmente. Escuchamos las charlas de Amma, leemos sus libros e intentamos poner en práctica sus enseñanzas. Aunque hay que esperar la orden del guru antes de dar discursos públicos, todos podemos compartir con quienes nos pregunten cómo Amma nos ha ayudado en la vida. Todo eso es Brahma Yajña.

El Deva Yajña es la adoración a Dios. Toda nuestra recitación de *mantras*, meditación, cantar *bhajans*, etc. pertenecen a este yajña. No obstante, este yajña consiste específicamente en adorar a Dios bajo la forma de los cinco elementos y las fuerzas naturales. Según las escrituras, todas las fuerzas y elementos naturales están llenos de conciencia y por eso se dice que están presididos por determinadas *devatas* [semidioses]. La creación entera se ve como el cuerpo físico del Señor, y se la honra, se la respeta y se la adora. Como dijo Amma en un discurso que dio en París en 2007, titulado *La compasión: el único camino hacia la paz*: "En los viejos tiempos no había una necesidad específica de conservación medioambiental, porque la protección de la Naturaleza formaba parte del culto a Dios y a la propia vida. Más que recordar a 'Dios', la gente amaba y servía a la Naturaleza y a la sociedad. Veían al Creador en la creación. Amaban, adoraban y protegían la Naturaleza como la forma visible de Dios". Cuando vemos el viento, la lluvia, el sol y la tierra, etc. como manifestaciones de Dios, los respetamos y los honramos naturalmente. Nadie que realmente vea un río como Varuṇa Deva [el dios del agua] puede arrojar residuos tóxicos en él.

Desde hace muchos años, durante la *pūja* que Amma dirige antes del Devi Bhāva, siempre nos pide que recemos por la paz del mundo, diciendo que la Madre Naturaleza está inquieta y que solo la brisa fresca de la gracia de Dios puede disipar las nubes negras que se están acumulando. Amma dice que la Naturaleza esta agitada porque la gente no está viviendo en armonía con el mundo que los rodea. Si observamos todos los desastres naturales que hay actualmente en el mundo, veremos que son resultado directo de la explotación de la Naturaleza por el hombre. Amma señala que la Madre Naturaleza está reaccionando y destruyendo a la humanidad con los mismos elementos que deberían ayudarnos a prosperar. Los vientos que deberían refrescarnos y esparcir las semillas y la lluvia llegan, por el contrario, en forma de huracanes y tornados. El sol que debería calentarnos está derritiendo los casquetes polares. El agua que nos bañaba y nos alimentaba está retirándose de nuestros pozos y golpeándonos con olas de tsunami. La propia tierra que lo sostiene todo nos está sacudiendo con los terremotos.

Pitṛ Yajña es presentar los respetos y recordar a nuestros antepasados fallecidos, sin los cuales ni siquiera podríamos haber nacido. Sin embargo, también podemos tomar este yajña como un recordatorio de la honra y el respeto que debemos a todos nuestros parientes mayores y ancianos vivos. Después de todo, las escrituras nos dicen:

mātṛdevo bhava | pitṛdevo bhava |

"Que la madre sea Dios para ti.
Que el padre sea Dios para ti".

Taitirīya Upaniṣad, 1.11.2

¿Para qué sirve adorar a nuestros abuelos fallecidos si después vamos a insultar y faltar al respeto a nuestros padres vivos? Amma dice: "Expresar gratitud a nuestros antepasados por el amor y el cuidado que nos dieron es un ejemplo para nuestros hijos. Al vernos amar y honrar a nuestros padres, nuestros hijos, a su vez, también nos amarán y nos honrarán".

Amma siempre les dice a los niños que antes de salir de casa a hacer algún recado deben mostrar sus respetos a los mayores. En la India eso significa inclinarse y tocarles los pies, pero en otras culturas puede adoptar otras formas. En general, los niños deben acostumbrarse a despedirse de sus padres antes de ir al colegio, etc. En las escuelas de Amma, cada año hay un día en el que todas las madres se reúnen para que sus hijos les hagan una *pāda-pūja*, un lavado reverencial de los pies. No podemos infravalorar la influencia de esos rituales en la mente de los niños (y de los padres), porque les ayudan a ver la divinidad en todos los aspectos de la creación. En último término estamos intentando vivir con la compresión de que la creación entera es la expresión de Dios. ¿Qué mejor lugar para empezar esto que con nuestros padres que, al menos en un sentido relativo, son los que nos han creado y los que nos mantienen? Desgraciadamente, en la actualidad hay muchas personas que no siguen esta enseñanza. En cuanto sus padres se hacen mayores, los envían a una residencia, visitándolos quizá una vez al mes durante una hora. Esto parece estar muy alejado de la proclamación védica de verlos como Dios.

El cuarto yajña es el Bhūta Yajña, que consiste en ocuparse de las plantas y los animales, etc., viéndolos como divinos. A este respecto, merece la pena reflexionar sobre lo dependientes que somos de la flora y la fauna con las que compartimos la tierra. Sin la vida vegetal y animal, los seres humanos no tendríamos nada que comer. Incluso la conservación del oxígeno solo es posible por la conversión del dióxido de carbono que realiza el reino vegetal.

Amma habla a menudo del peligro medioambiental al que se enfrenta actualmente el planeta. En este sentido, explica que los fertilizantes químicos están destruyendo la población de abejas. Amma nos recuerda a todos: "Las abejas desempeñan un papel esencial en la conservación de la Naturaleza y de la sociedad. Polinizan las plantas que nos dan fruta y cereales. Del mismo modo, la humanidad se beneficia de todos y cada uno de los seres vivos. Todos los seres de la tierra dependen unos de otros para su supervivencia. Si el motor de un avión está dañado, no puede volar; pero incluso si solo está dañado un único tornillo vital, el avión tampoco puede volar. Del mismo modo, hasta el ser vivo más diminuto desempeña un papel importante. Todas las criaturas vivas necesitan también nuestra ayuda para sobrevivir. También ellas son responsabilidad nuestra".

Por último está el Manuṣya Yajña, llamado a veces Nṛu Yajña. Consiste en honrar y respetar a los otros seres humanos como personificaciones de Dios. Tradicionalmente, unas de las formas de las que se realizaba este yajña era ofreciendo comida y ropa a cualquier invitado inesperado que viniera a casa, en particular a los que estaban realizando una peregrinación religiosa y necesitaban un lugar para pasar la noche. En toda la India seguimos encontrando una apertura y una cordialidad sin igual con los invitados. Es algo que comentan muchos extranjeros cuando visitan el país. En relación con el Manuṣya Yajña, merece la pena reflexionar sobre el hecho de que estamos en deuda con los demás hombres por todo, desde la comida que llega a nuestra mesa hasta la electricidad que ilumina nuestra casa o los zapatos que llevamos puestos.

De los cinco yajñas, diría que Amma insiste más en el Manuṣya Yajña. Amma dice: "Amma desea que todos sus hijos dediquen su vida a extender el amor y la paz por el mundo. El verdadero amor y devoción a Dios es tener compasión por los pobres y los que sufren. Hijos míos, dad de comer a los hambrientos, ayudad a los pobres, consolad a los tristes, animad a los que sufren, sed caritativos con todos". En el cumpleaños de Amma, ella siempre dice que sería más feliz si sus devotos, en lugar de lavarle los pies a Amma, sirvieran a los pobres. Y eso es exactamente lo que está sucediendo. El orfanato, los hospitales, el proyecto de hogares para las personas sin techo, el programa de pensiones, la ayuda en desastres, las residencias para enfermos desahuciados, las becas para pobres del Āśram... todas son formas de Manuṣya Yajña.

Cuando realizamos esos yajñas, es importante recordar qué los hace diferentes del mero servicio: es la comprensión de que estamos adorando a Dios. Como escribió Ramaṇa Maharṣi en su tratado Upadeśa Sāram:

> *jagat īśadhī yukta-sevanam* |
> *aṣṭa-mūrti-bhṛd-deva-pūjanam* ||
>
> "Servir al mundo con la actitud de servir al Señor es (el verdadero) culto a Dios, que es el que gobierna las ocho formas".
>
> Upadeśa Sāram, 5

"Las ocho formas" son los cinco elementos (espacio, viento, fuego, agua y tierra), el sol, la luna y todos los seres. Por tanto, no es que estemos ayudando a nuestro prójimo, a las plantas y a los animales porque Dios *quiera* que lo hagamos, sino porque comprendemos que *son* Dios. Eso es lo que significa la frase: *nāra seva nārāyaṇa seva*, "el servicio al hombre es servicio a Dios". Del mismo modo, entendemos que los ríos, los animales y los árboles también son manifestaciones de Dios[1]. Y lo mismo nuestros padres. Eso es importante, porque esa actitud es la que contribuye a que nuestras acciones produzcan no solo purificación mental sino también amplitud mental; la destrucción gradual de las limitaciones que imponemos a nuestras ideas sobre lo que el mundo es y lo que Dios es.

Veamos un ejemplo de cómo funciona esto respecto al Bhūta Yajña, la adoración de Dios protegiendo la flora y la fauna. En algunas escuelas de Amma se ha iniciado una forma de Bhūta Yajña en la que los profesores hacen que cada niño plante un arbolito, le ponga nombre y lo adore regándolo cada día. Los

---

[1] Según el comentario de Ādi Śaṅkarācārya sobre el Viṣṇu Sahasranāma, la propia palabra *nārāyaṇa* alude a esa verdad. *Nara* significa *ātma* [el Ser]; por tanto (según la gramática sánscrita) *nāra* significa "los efectos del ātma", es decir, los cinco elementos que constituyen el universo. *Ayana* significa "morada". Por tanto, nārāyaṇa significa "aquel cuya morada son los cinco grandes elementos".

profesores cuentan algo muy bonito al respecto. Dicen que, cuando llegan las vacaciones, muchos niños se acercan a sus plantas y les dicen: "Lo siento, durante las vacaciones no voy a estar aquí para regarte. Pero no te pongas triste. Volveré dentro de dos meses. No llores". Nadie les ha dicho a los niños que les hablen así a sus arbolillos; lo hacen de forma natural. Al ponerles nombre a sus plantas y regarlas diariamente, han desarrollado espontáneamente una relación con ellas. Algunos niños incluso han escrito cartas y las han colgado en sus arbolitos, en las que les dicen: "Cuando estés triste, lee mi carta". Ahora, durante toda la vida, esos niños comprenderán que los árboles no son objetos inertes, sino que son sensibles y tienen sentimientos. La visión del mundo en el que viven esos niños ha empezado a ampliarse. Al final, pueden llegar a entender que el universo entero está latiendo de divinidad; el universo interior y el exterior. Si se realizan con la actitud mental correcta, los pañca mahā-yajñas pueden llegar a ayudarnos a ver nuestro Ser en los demás y a los demás en nuestro Ser. Y en esa comprensión consiste la verdadera trascendencia.

Capítulo 7

Cultivar cualidades divinas

"Hijos, Dios nos ha dado las facultades necesarias para llegar a ser como él. El amor, la belleza y todas las cualidades divinas existen en nuestro interior. Debemos utilizar nuestras facultades para expresar esas cualidades divinas en nuestra vida".

—Amma

Todas las religiones subrayan la importancia de cultivar buenas cualidades: ser bondadoso, decir la verdad, no robar, etc. En resumen, que debemos seguir la Regla de Oro de "hacer a los demás lo que te gustaría que te hicieran a ti". De una u otra forma, esa expresión se encuentra en los libros sagrados de todas las religiones del mundo, incluyendo el hinduismo, donde cuando Bṛhaspati está educando a Yudhiṣṭhira en el Mahābhārata, el *guru* de los *devatas* [semidioses] dice:

na tat parasya saṁdadhyāt pratikūlaṁ yadātmanaḥ |
eṣa saṁkṣepato dharmaḥ kāmādanya pravartate ||

"Nunca debe hacerse a otro lo que se considere dañino para uno mismo. Esta es, en resumen, la regla del dharma. Un comportamiento distinto se debe a los deseos egoístas".

Mahābhārata, 13.114.8

La mejora del carácter no solo desempeña un papel en el establecimiento de la armonía social sino también en el de la armonía del individuo. De hecho, las escrituras dicen una y otra vez que, sin la mejora del carácter, un buscador espiritual no puede tener esperanzas de lograr el conocimiento del Ser:

> *nāvirato duścaritānnāśānto nāsamāhitaḥ* |
> *nāśantamānaso vā'pi prajñānen-ainam-āpnuyāt* ||
>
> "Quien no ha abandonado su mala conducta, cuyos sentidos no están bajo control, cuya mente no está concentrada, cuya mente no está libre de ansiedad, no puede llegar a este Ser mediante el conocimiento".
>
> Kaṭha Upaniṣad, 1.2.24

Las escrituras enumeran unas cualidades aparentemente innumerables que hay que cultivar. Eso se debe a la exploración exhaustiva de la imagen humana en todos sus aspectos sutiles llevada a cabo por los santos y los sabios. El amplísimo léxico del sánscrito es un testimonio de lo precisos y concienzudos que eran los grandes intelectos de la antigua India. ¡Cuántas docenas de palabras se enumeran para decir "dolor", todas ellas reflejando sutiles variaciones del pesar! ¡Cuántas clases distintas de orgullo se detallan! ¡Cuántas formas de amor! Los grandes intelectos de esos tiempos incluso dividían la sonrisa humana en seis variaciones diferentes. Solo en el capítulo 13 de la Bhagavad-Gīta, Śrī Kṛṣṇa enumera más de veinte cualidades que un buscador sincero debe adquirir.

En este capítulo nos vamos a centrar en algunas de las virtudes a las que Amma da una preeminencia especial; en concreto: cultivar la paciencia, la inocencia, la humildad, la conciencia y la compasión. Aunque esas y otras cualidades son universales, vemos que cada escritura y cada guru subraya unas determinadas cualidades más que otras. Quizás eso se deba a las necesidades de la época o a la mentalidad específica de sus devotos y discípulos. Sea como sea, Amma dice que al principio basta con centrarse en cultivar solo una: "Escoge una única cualidad y practícala con la mayor fe y optimismo; las otras cualidades la seguirán automáticamente".

Para ilustrar esta idea, Amma cuenta la historia de una mujer que gana una bonita lámpara de araña de cristal como primer premio de un concurso. Se la lleva a casa y la cuelga en el salón. Disfrutando de su belleza, de repente se da cuenta de que la pintura de las paredes del salón han perdido color y parecen sucias en contraste con la nueva y brillante lámpara. Entonces decide darles a las paredes una nueva mano de pintura. Cuando termina, mira la habitación y se da cuenta de que las cortinas están sucias. Eso hace que quite todas las cortinas y les dé una buena lavada. Después se percata de que la alfombra que hay sobre la moqueta está completamente raída, así que la quita y la sustituye por una nueva. Finalmente la habitación parece completamente nueva. Lo que acabó siendo una transformación completa de la casa empezó solo con un pequeño cambio: la nueva lámpara.

O podemos pensar en esta idea de Amma en términos de mejora física. Imaginemos que un hombre se da cuenta de que no está en forma y quiere hacer algo de ejercicio físico, así que decide hacer flexiones de brazos. Cada día se tumba en el suelo y hace todos los que puede. Al cabo de un mes o así se siente realmente diferente, y cuando se mira al espejo ve que el pecho y los hombros parecen mucho más fuertes. Pero entonces, en comparación, los bíceps parecen pequeños, así que consigue unas pesas y añade una serie de levantamientos al entrenamiento. Después de eso quiere mejorar el abdomen y empieza a hacer abdominales. Después sentadillas para fortalecer las piernas... Un año después ni siquiera podemos reconocerlo. Se ha convertido en un Arnold Schwarzenegger.

Ese proceso se debe a una ampliación de la conciencia. Cultivamos una buena cualidad y, de repente, en la mente quedan subrayadas nuestras cualidades negativas. Antes, aunque sabíamos que las cualidades negativas estaban ahí, no nos importaba mucho porque no nos obligaban a mirarlas muy a menudo. Para las demás personas —familia, amigos y compañeros de trabajo— eran patentes; pero nuestra falta de conciencia hacía que nosotros no las viéramos.

En las escrituras, las cualidades positivas se denominan *daivi sampat*, cualidades divinas[1], mientras que a las cualidades negativas se las llama *āsuri sampat*, cualidades demoníacas. Intrínsecamente no somos ni buenos ni malos. Somos el substrato de conciencia en el que se manifiestan esas dualidades; pero, como la mente es materia, asume una u otra cualidad. Donde no es de día, solo puede ser de noche. Generalmente, donde la virtud está ausente solo se encontrará su opuesto. Por ejemplo, si no se es compasivo, ¿qué se puede ser sino indiferente? Si no se es humilde, se tiene que ser egoísta. Si no se es paciente, se debe ser impaciente. La cualidad de nuestra mente está bajo nuestro control. Podemos permitir que degenere hasta lo demoníaco o pulirla hasta que brille con las glorias de los dioses.

Esta idea se refleja en las antiguas leyendas de la India, en las que un sabio llamado Kaśyapa tenía dos esposas: Aditi y Diti. Aditi dio a luz a los *devatas* [semidioses] y Diti dio a luz a los *daityas* [demonios]. Esa alegoría simboliza que un individuo es capaz de hacer el bien o el mal dependiendo de su mente.

Solo porque una cualidad —sea divina o demoníaca— no tenga ocasión de expresarse no significa que no exista dentro de la psique de un individuo dado. Ciertamente, un extremo del espectro existe en su subconsciente y se manifestará cuando se dé la situación adecuada. Un rey al que se lo hagan todo puede no tener muchas ocasiones de expresar paciencia o impaciencia; pero hacedle esperar para la cena y veremos lo que sale a la superficie. Igualmente, un monje que viva solo en una cueva puede no tener muchas oportunidades de expresar compasión o indiferencia, pero una de esas dos cualidades es la que predomina en su interior. Un *mahātma* manifestará naturalmente solo cualidades divinas,

1 Son "divinas" porque su cultivo nos ayuda a avanzar hacia la comprensión de nuestra naturaleza divina.

porque ha trascendido todos los gustos y aversiones egoístas, y actuará viendo a todos como extensiones de su propio Ser. Además, seguirá los dictados del dharma para dar ejemplo a los demás. Las acciones de una persona corriente dependen de la fuerza de su apego a los gustos y las aversiones frente al poder de su apego al dharma. Es como si tuviéramos una balanza con el apego a los gustos y aversiones en un lado y el apego al dharma en el otro. Si el primero es más fuerte, nos comportamos como un demonio; si lo es este último, como un dios. Si se va uno a meditar en aislamiento antes de superar los gustos y aversiones, puede llegar a pensar que los ha trascendido simplemente por la falta de estímulos que desencadenen sus síntomas externos. Solo cuando nos volvemos conscientes de nuestras cualidades negativas podemos empezar a esforzarnos por transformarlas en positivas.

Alguien me dijo que hay un buen ejemplo de este principio en una película de dibujos animados para niños llamada *Buscando a Nemo.* En la película hay un grupo de tiburones que han decidido dejar de comer peces. Incluso han formado un grupo llamado "Comedores de Peces Anónimos". Durante las reuniones se recuerdan mutuamente una y otra vez, que "los peces son amigos, no comida". El líder del grupo es un enorme tiburón blanco que con orgullo proclama que han pasado tres semanas desde su último pez. Todo parece ir bien para los tiburones hasta que un pez que nadaba cerca se corta y una minúscula gota de sangre empieza a flotar lentamente hacia la nariz del tiburón líder. Por supuesto, en el momento en que huele la sangre, su *vāsana* [tendencia] hacia los peces se despierta y, de repente, nada puede contenerlo. Se vuelve verdaderamente loco y persigue al pez por todo el mar tratando de devorarlo.

Con este ejemplo no quiero decir que tengamos que tentarnos con objetos sensibles, pero tampoco podemos escondernos de ellos para siempre. Al comienzo de la vida espiritual, es importante practicar *dama* [control de los sentidos] y evitar la presencia de objetos sensibles tentadores; pero tenemos que acabar volviéndonos lo suficientemente fuertes como para trascender la necesidad de ese aislamiento. Como dice Amma: "Hay que proteger una planta con una valla hasta que se haga grande. Después ya no hay problema". Solo cuando podamos estar cara a cara ante un objeto sensible sin sentir ni una chispa de deseo por él, se podrá decir que la vāsana se ha erradicado realmente.

Las cualidades demoniacas se manifiestan cuando nos identificamos con algo limitado, es decir, con el cuerpo o la mente. Las cualidades divinas llegan cuando nos identificamos con algo ilimitado: la conciencia. Por tanto, cuanto más nos identifiquemos con el cuerpo y la mente, más demoníaca será nuestra naturaleza. Cuanto más nos identifiquemos con el Ser, más divina será. La naturaleza última del Ser está más allá de todos los conceptos dualistas, como bueno y malo; pero para descubrir esa realidad debemos primero purificar nuestra mente cultivando cualidades divinas. De esa forma, un comportamiento bueno y recto es como un peldaño que hace posible el paso del egoísmo al desinterés.

Veamos esas cualidades divinas a las que Amma da mayor importancia y examinemos algunas formas de las que podemos cultivarlas. Hay que recordar que solo porque Amma destaque esas cualidades no significa que considere que las demás cualidades carezcan de importancia y podamos ignorarlas.

Paciencia

Amma dice que la paciencia es una cualidad necesaria de principio a fin de la vida espiritual. "La vida espiritual solo es posible para alguien que tiene mucha paciencia", dice Amma. "De lo contrario solo se consigue decepción". En la edad moderna, todos quieren el resultado de sus acciones absolutamente sin ninguna demora. En la actualidad, casi todos los anuncios contienen la palabra "instantáneo": préstamos *instantáneos*, mensajería *instantánea*, informes crediticios *instantáneos*, resultados *instantáneos*... La gente incluso habla de "iluminación instantánea". Amma dice que la necesidad de velocidad se está convirtiendo en una enfermedad. Cultivar cualquier cosa de valor lleva tiempo. Lo vemos incluso con las verduras que se producen actualmente. Con las nuevas tecnologías agrícolas, los científicos han podido reducir el tiempo desde la siembra hasta la cosecha; pero las verduras que se consiguen tienen menor valor nutritivo.

He oído un chiste sobre esto. Un hombre le pide a Dios: "Por favor, Dios, dame paciencia... ahora mismo". Desgraciadamente, no funciona así. En cierto modo, el crecimiento espiritual es como el florecer de una flor. Es un proceso gradual que requiere cuidado y paciencia. No se puede abrir la semilla y sacar el brote. No pueden abrirse los pétalos a la fuerza. Desgraciadamente, en la edad moderna la gente quiere elevarse espiritualmente lo más rápido posible. Amma dice: "Eso es como si una madre le dijera a su bebé: 'Quiero que crezcas ahora mismo. ¿Por qué tienes que seguir siendo un niño tanto tiempo? ¡Date prisa! No tengo tiempo para esperar'. ¿Qué se diría de una madre así, salvo que es sumamente insensata o que está trastornada? La gente espera que se produzca un milagro. No tiene paciencia para esperar o hacer ningún esfuerzo. No entiende que el verdadero milagro consiste en la apertura del corazón a la única verdad suprema. Sin embargo, ese florecimiento interior siempre es lento y constante".

Si no tenemos paciencia, no podemos esperar progresos en la vida espiritual. Llevamos décadas dejando a la mente hacer lo que quiere. Ahora, de repente, estamos intentando imponer nuestro control. Hemos estado viviendo por los resultados materiales; ahora estamos intentando ir más allá de esa miopía. Estamos intentando sustituir las negatividades por valores, el odio por amor, la indiferencia por compasión. En el caso de la mayoría de nosotros, nuestras vāsanas están profundamente arraigadas y desarraigarlas requiere dedicación y sinceridad. Antes de llegar a la culminación de la vida espiritual, tenemos que invertir completamente nuestra forma de pensar sobre nosotros mismos, el mundo que nos rodea e incluso sobre Dios. Eso no es algo que pueda suceder de un día para otro.

Inocencia

Quizás Amma hable de la importancia de cultivar la inocencia más que de cualquier otra cualidad. En su sentido último, Amma se refiere a la "inocencia" como un verdadero fruto del conocimiento del Ser: una perspectiva siempre nueva y dichosa sobre todo lo que se percibe. Pero, en un nivel más relativo, Amma utiliza la palabra inocencia para referirse al cultivo de una fe y una receptividad como las de un niño: la actitud de principiante. Sin esas cualidades no se puede crecer. Sin fe en nuestro guru y en las escrituras, ni siquiera seremos capaces de iniciar el camino espiritual. Sin receptividad, rechazaremos todo lo que no se ajuste a nuestra perspectiva actual. Y sin actitud de principiante rápidamente nos frustraremos y abandonaremos. Esas cualidades nos ayudan a ver la vida con ojos de niño; al menos, con algún grado de asombro y de gozo. Eso enriquece nuestra vida, así como la vida de los demás.

"Si siempre tenemos actitud de principiante, todas las situaciones serán una ocasión para aprender", dice Amma. "Un principiante siempre es ignorante y sabe que es ignorante. Por eso, escucha con atención. Está abierto y receptivo. Cuando piensas que sabes, ya no escuchas más; solo hablas. Ya tienes la mente llena".

Ser un principiante no significa que no avancemos o que tengamos que olvidar continuamente lo que hemos aprendido. Significa mantener una total apertura, atención y receptividad. Amma dice que esa es la única forma de empaparse verdaderamente de conocimiento y sabiduría.

Desde su inocencia, un niño siempre está dispuesto a perdonar y olvidar. De hecho, ni siquiera piensa en ello como "perdón". Es automático. Pero nosotros somos justo al revés. Nos aferramos a rencores y desaires durante años, incluso vidas. Amma dice que algunas personas incluso rezan para volver en otra vida a seguir vengándose de los que las han ofendido. Por el contrario, los niños pueden enfadarse entre ellos y un minuto después están jugando juntos de nuevo felizmente. Amma dice que esa es la clase de mente que hay que cultivar, una mente capaz de perdonar y de olvidar.

Cuando hay inocencia estamos abiertos, receptivos y llenos de fe. Si se le dice a un niño que es un rey con poderes mágicos, inmediatamente lo aceptará. En la vida espiritual, el guru nos dice toda clase de cosas sobre nuestra verdadera naturaleza y la verdadera naturaleza del mundo que nos rodea, y una gran parte de ello nos resulta difícil de digerir. En esos momentos, indudablemente nos beneficiaríamos de un poco del niño de nuestra juventud.

Hace muchos años sucedió algo que sirve para ilustrar claramente este punto. Una noche, uno de los residentes del āśram se quedó despierto hasta tarde tumbado en la cama y pensando en Amma. De repente, vio un mosquito que volaba hacia su frente. Creyendo que era Amma que venía a bendecirle bajo la forma de un mosquito le dejó que le picara, asegurándose de no moverse ni molestarle mientras le chupaba la sangre. El mosquito acabó dejándole un gran verdugón donde le había picado, exactamente donde se encuentra "el tercer ojo". Al día siguiente, cuando alguien le contó a Amma el "*darśan*" del residente del ashram, le llamó para echarle un vistazo al verdugón. Cuando lo vio, se rió a carcajadas y abrazó al residente amorosamente. Amma todavía se ríe cuando cuenta esa historia; pero siempre añade: "Esa inocencia nunca hay que perderla".

Nosotros también podemos reírnos, pensando: "¡Dios mío! ¿Amma tomando la forma de un mosquito? ¡No puede ser! ¡Qué novato!".

Pero las escrituras nos dicen que los cinco elementos, que comprenden el mundo físico entero, son, de hecho, divinos en esencia. Un verdadero vedāntin debe comprender esta verdad y aceptar que hasta un mosquito es esencialmente divino. (Eso no significa que no pueda ahuyentarlo.) Así que no estaría mal tener un poco de esa clase de inocencia.

Humildad

La erradicación del ego se da en dos niveles. En el nivel sutil significa destruir el concepto de que se tiene una individualidad separada. En el nivel tosco significa erradicar el sentimiento de superioridad[2]. De hecho, un ego tosco fuerte es una señal segura de que se tiene un ego sutil fuerte. Eliminar el ego sutil es el objetivo de la vida espiritual. Esto solo se produce mediante la asimilación del conocimiento de que no somos el cuerpo, las emociones o el intelecto, sino la conciencia, que en realidad es omnipresente y eterna. Para llegar a esa comprensión, primero hay que eliminar el ego tosco, al menos en cierta medida. Por eso subraya Amma la importancia de cultivar la humildad. Sin humildad, nunca podremos postrarnos delante del guru y aceptar que nuestras ideas sobre la realidad son defectuosas. Cuando hay exceso de ego, no se puede ni coger la escoba para hacer *guru seva*. Como dice Amma: "Hay un enorme árbol latente en la semilla; pero solo si se entierra la semilla en la tierra crecerá el árbol. Si la semilla piensa vanidosamente '¿por qué tengo que postrarme ante esa sucia tierra?', su verdadera naturaleza no podrá manifestarse y la semilla podrá acabar siendo comida para las ratas o las ardillas. Del mismo modo, solo cultivando y desarrollando la humildad es posible conocer la Verdad Suprema, que es nuestra verdadera naturaleza".

Desgraciadamente, algunos aspirantes espirituales son víctimas del orgullo. Completamente identificados con su mente y su comprensión intelectual de la espiritualidad, adquieren sentimientos sutiles, y no tan sutiles, de superioridad. En el

[2] Hay que señalar que el sentimiento de inferioridad es un obstáculo espiritual tan importante como el sentimiento de superioridad.

Sādhana Pañcakam, Ādi Śaṅkarācārya advierte específicamente a los buscadores respecto a ese riesgo diciendo: *aharahargarvaḥ parityajyatām*, "hay que renunciar constantemente a la arrogancia del conocimiento".

La humildad es una expresión natural de la compresión espiritual. Cuando realmente llegamos a entender que el mundo y todos los que viven en él son divinos, ¿cómo podemos conservar sentimientos de superioridad? Cuando comprendemos que sin los cinco elementos no podemos ni comer, ni beber, ni siquiera respirar, ¿cómo podemos no ser humildes? Cuando llegue ese orgullo, hay que destruirlo mediante la reflexión. Hay que pensar: "Cualquier conocimiento que posea ha venido solo de mi guru. ¿Qué puedo reivindicar? Ni siquiera soy responsable de la existencia de mi mente y su capacidad de recordar y pensar".

Había una vez un guru que había tomado como discípulos a dos hermanos. Una mañana, el hermano más joven se acercó al guru y le dijo:

—Sé que piensas que mi hermano mayor es un discípulo más apto que yo. Pero, ¿qué es lo que tiene de especial? Yo puedo hacer todo lo que él hace.

El guru le dijo al discípulo que fuera a buscar a su hermano. Pronto volvió con el hermano mayor a su lado. El guru dijo:

—Que cada uno de vosotros vaya a lavarles los pies a diez personas que sean inferiores a vosotros y veremos quién vuelve antes.

Ambos hermanos se inclinaron ante el maestro e inmediatamente se pusieron manos a la obra. Solo una hora después, el hermano más joven regresó.

—Ya lo hice —dijo.

El guru solo sonrió compasivamente.

El hermano mayor volvió después de anochecer. No habló. Solo se postró a los pies de su guru.

—¿Sí? —le preguntó el guru.

—Lo siento, Guruji —dijo—. Por más que lo he intentado, no he podido encontrar a nadie inferior a mí.

El guru miró al hermano más joven y le dijo:

—Lo que le hace superior es su humildad.

Vigilancia

Amma dice que un buscador espiritual debe realizar cada una de sus acciones con vigilancia. De esa manera, todas sus acciones se convierten en una forma de meditación. Si somos realmente serios en cuanto a desarrollar nuestra concentración mental, debemos vivir de una forma que transforme todas nuestras acciones llamadas "mundanas" en vehículos de purificación mental. En una upaniṣad, el camino espiritual se compara incluso con "andar por el filo de la navaja". Esto es así porque no solo hay que afilar la mente hasta que esté como el filo de una navaja, sino también utilizar esa afilada mente para discernir constantemente entre la realidad y la irrealidad. Amma dice que, si no desarrollamos la vigilancia en relación con las acciones sencillas, nunca podremos esperar hacerlo en relación con nuestros pensamientos.

Recuerdo un gracioso episodio sobre un *brahmacāri* cuya seva era corregir las pruebas de una publicación del Āśram. Cuando la publicación salió, había un error tremendo en una cita de Amma. Lo que se suponía que la cita tenía que decir era una afirmación muy conocida de Amma: "Lo que nos falta no es conocimiento libresco, sino conciencia". Lo que la publicación impresa hacía decir a Amma era: "Lo que nos falta no es conciencia, sino conocimiento libresco". ¡Qué frase fue a estropear! Su propia corrección de pruebas —o ausencia de ella— era un ejemplo de la idea de Amma. No es que no conociera la enseñanza de Amma. Seguramente había oído a Amma decir esa frase muchas veces; pero le faltaba la conciencia necesaria para percatarse siquiera de cuándo estaba escrita incorrectamente. De hecho, después de la impresión del libro y de descubrirse el error, el brahmacāri se lo pasó muy bien imprimiendo pequeñas tiras de papel con la frase correcta y pegándolas sobre las frases incorrectas. Seguro que fue una lección que nunca olvidará.

Compasión

Amma dice que la compasión es amor que se expresa como acciones. El verdadero amor es el sentimiento que procede de la experiencia de la unidad. Cuando alguien a quien amamos sufre, sentimos su dolor como si fuera nuestro y hacemos todo lo que podemos para aliviarlo. De hecho, ese es el significado literal de compasión, ya que la palabra inglesa procede del latín *com* (junto) + *pati* (sufrir). Nuestro amor tiene límites, y además lo reservamos para unas pocas personas; pero una mahātma como Amma ve su unidad con la creación entera. Por eso, naturalmente tiende la mano para servir a los pobres y a los que sufren. Sus acciones son amplias debido a la amplitud de su mente. Su compasión no tiene fronteras porque su concepto de Ser no tiene fronteras. Amma dice que, si deseamos ampliar nuestro sentido del Ser, debemos intentar abrir el corazón y sentir el dolor de los demás; dedicar tiempo a pensar en ellos y en sus penas. Además, hacer algo de servicio desinteresado para intentar sacarlos de sus dificultades. La visión de un mahātma es amplia y, por eso, sus acciones también lo son. Para nosotros, puede tratarse de ingeniería inversa: dejemos que nuestras acciones sean amplias y entonces, poco a poco, nuestra mente también se ensanchará.

Ni que decir tiene que la vida entera de Amma es una enseñanza de la compasión. Las propias acciones compasivas generan compasión. Hay un bello ejemplo de esto en el orfanato Amṛta Niketan de Amma de Parippaḷḷi, en el distrito de Kollam (Keraḷa). Los quinientos huérfanos comen juntos tres veces al día. Después de que todos los niños hayan sido servidos, recitan el capítulo quince de la Bhagavad-Gīta y después ofrecen dos bolas de arroz[3]. La primera es para Amma; la segunda para todos los niños hambrientos del mundo. Cuando los niños cierran los ojos y rezan por los demás niños, sus caras muestran una gran sinceridad. Están realmente rezando con todo su corazón. A menudo caen lágrimas por sus mejillas. Amma dice que todos debemos tomarnos un tiempo para reflexionar sobre el sufrimiento de los demás. Eso nos abrirá el corazón y, a su vez, se manifestará en nuestras acciones.

Métodos de cultivo

Podemos enumerar fácilmente docenas de buenas cualidades que nos gustaría tener; pero, ¿cómo nutrimos esas cualidades para que florezcan plenamente en nuestro interior?

El método más sencillo es el *satsaṅg*: pasar tiempo con personas que tengan esas cualidades. Como ya se ha dicho en el capítulo dos, cuanto más nos relacionemos con personas *dhármicas* [rectas], más fácilmente nos empaparemos de un comportamiento dhármico. Por el contrario, cuanto más nos relacionemos con personas con cualidades *adhármicas* [malas], más probable es que absorbamos un comportamiento adhármico. Muchos occidentales que vienen a vivir a Amṛtapuri acaban a menudo adquiriendo un acento ligeramente indio. ¿Por qué? Por la relación. Del mismo modo, elegir buenas compañías solo puede beneficiarnos, ya que absorberemos algunas de sus buenas cualidades. Si elegimos malas compañías, eso puede fácilmente hundirnos. Aunque tengamos un acceso limitado a personas dhármicas, siempre podemos leer sobre ellas en las biografías espirituales. Eso también es satsaṅg.

Otra cosa que podemos hacer es hacer un voto. Si realmente tenemos un problema con la paciencia, podemos hacer un voto solemne de que no perderemos la paciencia. Después de eso hay

[3] Las bolas de arroz se comen al final de la comida como *prasād* [ofrenda consagrada].

que intentar estar especialmente vigilantes cuando nos hallemos en circunstancias estresantes, irritantes o frustrantes.

Hay un residente del Āśram que tenía un problema con la ira. No solo se enfadaba a menudo, sino que también perdía el control con frecuencia y arremetía contra los demás con una lengua realmente venenosa. Después de uno de esos incidentes, Amma le dijo que empezara a escribir un diario. Cada noche, antes de irse a dormir, debía reflexionar sobre el día y escribir todas las veces que se había enfadado. Amma también le dijo que apuntara cada vez que hubiera hecho feliz a alguien. De esa forma, dijo que sería como un hombre de negocios revisando sus libros por la noche y reflexionando sobre sus ganancias y sus pérdidas. Poco a poco iría adquiriendo conciencia de sus acciones. Eso pasó hace varios años. Y, por supuesto, actualmente el residente del Āśram es mucho más bondadoso y habla más amablemente de lo que solía: una verdadera transformación. Todos podemos adoptar esta técnica del diario. Basta con elegir una cualidad y empezar. Cuando escribamos cada noche, también podemos hacerlo como si le estuviéramos escribiéndole directamente a Amma. Eso nos ayudará a profundizar nuestro vínculo con Amma.

Cuando hacemos un voto es mejor ser concretos. Para empezar hay que centrarse en una o dos cualidades negativas. De lo contrario podemos sentirnos abrumados. Es mejor ponernos metas concretas. A medida que adquiramos confianza podemos ampliarlas.

Si queremos adquirir un valor o una buena cualidad en particular, también debemos dedicar tiempo a reflexionar sobre sus beneficios, así como sobre los deméritos de su contraparte negativa. Cuanto más clara tenga la mente la relación entre el valor y sus efectos positivos, más probable será que actuemos según él. Del mismo modo, cuanto más claras tengamos las malas consecuencias de la cualidad negativa, más fácilmente nos abstendremos de la misma.

Recuerdo que una vez una mujer le pidió a Amma que le ayudara a superar su adicción al café. Amma le preguntó inmediatamente: "¿Por qué quieres dejar de beber café?" La mujer no tenía una respuesta clara. Lo que Amma quería hacer notar parecía ser esto: A menos que se sepa por qué se quiere cambiar, el cambio nunca tendrá lugar. Hay muchas razones para dejar el café: causa nerviosismo, nos da dolor de cabeza cuando no lo tomamos, provoca insomnio, problemas de salud, irritabilidad, etc. Si queremos superar un hábito negativo, debemos tener claro el motivo. Si no hay claridad de pensamiento, nunca puede haber claridad de acción.

Como buscadores espirituales, debemos dedicar tiempo a reflexionar sobre cómo la adquisición de una cualidad deseada nos ayudará a acercarnos al conocimiento del Ser. Inversamente, debemos reflexionar sobre cómo su contraparte negativa hará más difícil ese objetivo. Hay que adquirir "un valor para el valor". Eso solo sucederá si dedicamos tiempo a reflexionar sobre la importancia de las cualidades. Eso es algo que podemos hacer en la tranquilidad de nuestra meditación, pero también en cualquier momento del día. Podemos hacerlo incluso cuando la tendencia negativa que deseemos superar empiece a surgir. Sin embargo, si *solo* lo hacemos en esos momentos, podemos descubrir que no tenemos la fuerza necesaria para abstenernos de ello. Como con todo en la vida, hace falta práctica.

Capítulo 8

Afilar la mente

"Sea cual sea la forma de meditación que practiquemos, tanto si nos concentramos en el corazón como en el espacio entre las cejas, la meta es la misma: la concentración en un solo punto".

—Amma

Cuando la mayoría de la gente piensa en la espiritualidad, lo primero que les viene a la cabeza es la meditación. Desgraciadamente, la meditación es uno de los aspectos peor comprendidos de la vida spiritual. ¿Qué es exactamente la meditación? ¿Cuál es su objetivo? ¿Es un fin o un medio? ¿Cómo funciona? Aparentemente es un proceso muy misterioso. Afortunadamente, en Amma tenemos a una maestra viva que nos puede dar orientación a medida a partir de su propia experiencia.

En esencia, hay dos tipos de meditación: la meditación en Dios con forma y la meditación en el *ātma*, la propia conciencia que es el centro de nuestro ser. Se las conoce como meditación *saguṇa* y meditación *nirguṇa*, respectivamente[1]. La Meditación Mā-Om de Amma, la Técnica Integral de Meditación Amrita® (Técnica IAM®), el *mantra japa* mental y la *mānasa pūja* [adoración mental] son todos ellos distintas clases de meditación saguṇa. Saguṇa significa que el objeto de nuestra meditación tiene cualidades concretas. En esas meditaciones hay una diferencia clara entre nuestro ser —el meditador— y el objeto de nuestra meditación. Por ejemplo, en la Meditación Mā-Om —la breve meditación en la que Amma nos dirige a todos en sus programas— meditamos

[1] Sagu*ṇ*a significa "con cualidades"; nirguṇa significa "sin cualidades".

en la inspiración y la expiración asociadas respectivamente a las sílabas *mā* y *om*. En la Técnica IAM®, se nos da una sucesión de puntos del cuerpo físico en los que concentrarnos. Cuando hacemos japa o el *arcana*, nos concentramos en uno o muchos mantras. Cuando realizamos la mānasa pūja, estamos tratando de imaginarnos y adorar la forma de nuestra deidad amada.

Igual que el *karma yoga* aspira a perfeccionar la mente eliminando los gustos y aversiones, la meditación saguṇa también busca un objetivo. Principalmente consiste en mejorar nuestra capacidad de concentración en un solo punto. "En cualquier punto del cuerpo en el que meditemos, la meta es la concentración en un solo punto", dice Amma. De hecho, ese es el objetivo de la mayor parte de las prácticas espirituales mentales.

En la Biblia hay una historia que tiene que ver con esto[2]. Cuando Jesús viajaba por Galilea, llegó a un lugar donde había un hombre que se decía que estaba poseído por fuerzas diabólicas. Vivía entre tumbas, despotricando y desvariando, y en general asustando casi hasta la muerte a todos los que vivían por allí. Al cabo de un tiempo se acercó a Jesús, y Jesús le preguntó cómo se llamaba. Y el hombre dijo: "Llámame 'legión', porque somos muchos". Lo que la Biblia dice es que el hombre se refería a que no estaba poseído por un solo demonio, sino por una multitud de ellos. A pesar de eso, Jesús bendijo al hombre y expulsó a la legión de demonios. Algunos ven un significado simbólico en ese exorcismo. La legión de demonios representa una mente no integrada. Una mente así contiene una multitud de impulsos e ideas en conflicto. No tiene capacidad de concentración, ni puede estar nunca relajada. El ejemplo de Legión es extremo, pero si hacemos introspección veremos que la mayoría de nosotros estamos "poseídos" así en alguna medida. Encontrarse con Jesús significa entrar en contacto con un *mahātma* cuyas enseñanzas nos ayudan a lograr control mental, concentración y, finalmente, paz.

---

2 Marcos, 5.1-20 y Lucas 8.26-39

Si se quiere tener éxito en cualquier campo, mundano o espiritual, la capacidad de concentración es imprescindible. Un analista financiero debe ser capaz de concentrarse en los informes del mercado de valores; un jugador de baloncesto o un bateador de críket deben ser capaces de concentrarse en la pelota; un programador de ordenadores debe ser capaz de concentrarse en el código. Del mismo modo, un discípulo debe ser capaz de concentrarse en las enseñanzas de su guru en su vida cotidiana. *Todo* requiere concentración.

Las escrituras nos dicen repetidamente que no somos la mente. En realidad, la mente es un instrumento que podemos utilizar para relacionarnos con el mundo que nos rodea. De esa forma, es en gran medida como un ordenador. Cualquier persona que sabe mucho de ordenadores sabe que un ordenador necesita un mantenimiento regular. Tenemos que desfragmentar discos duros, borrar los archivos no deseados, actualizar el software del sistema, quizás incluso aumentar el RAM y la memoria, etc. Además, tenemos que actualizar regularmente el software anti-virus. Igual que esas prácticas mantienen nuestros ordenadores sin averías, la meditación regular mantiene feliz y sano el ordenador mental.

La meditación también puede compararse con el ejercicio físico. Todos sabemos que, si queremos mantener el cuerpo sano, tenemos que seguir un régimen básico de ejercicio. Eso es algo que todo el mundo necesita. Pero, como buscadores espirituales, somos distintos. No nos interesa solamente mantener una salud mental básica: queremos crear una mente capaz de conocer la verdad suprema, de liberarnos para deleitarnos en la dicha del Ser.

Hay una parte del Śrīmad Bhāgavatam, que fue escrito hace varios miles de años, en la que el sabio Śuka habla de la época que se aproximaba y de lo materialista que sería. En ese pasaje, ofrece una larga lista de predicciones. Al leerlas, sorprende ver cuántas se han hecho realidad ya, especialmente cuando tenemos en cuenta la piedad que había en los tiempos en que se escribió el Bhāgavatam. Una de las cosas que Śuka dice de nuestra época es:

snānam-eva prasādhanam |

"Se está listo con un simple baño".

Śrīmad Bhāgavatam, 12.2.5

El significado es que en la época actual, muy pocas personas cuidan de la pureza interior, solo de la exterior. Nadie le da importancia a la purificación y la limpieza de la mente, solo a la del cuerpo.

Amma dice que la mente debe volverse como el mando a distancia de una televisión, que descansa firmemente en la palma de nuestra mano. Eso significa un control mental total, una capacidad de responder mentalmente en perfecta sintonía con cualquier situación dada. Si queremos pensar en algo, debemos ser capaces de hacerlo con concentración, sea durante cinco minutos o durante cinco horas. Si queremos recordar algún acontecimiento del pasado, debemos ser capaces de hacerlo. Y, quizás lo más importante, debemos ser capaces de apagarla inmediatamente, como pulsando un botón, y relajarnos. Esta clase de educación de la mente es el objetivo de la meditación saguṇa. De modo que el camino está claro: de la relativa locura de "Legión" a la mente con mando a distancia.

La meditación saguṇa no produce directamente el conocimiento del Ser. Ese conocimiento es justo eso: un *descubrimiento*, un cambio irreversible en la comprensión. Es el firme conocimiento de que no somos el cuerpo, las emociones o el intelecto sino la conciencia pura, dichosa y eterna. Eso es algo que Amma nos dice todos los días. Incluso empieza todas sus charlas públicas diciendo: "Amma se inclina ante todos, cuya naturaleza es el amor divino y el Ser". Muchos de nosotros hemos oído o leído esas afirmaciones sobre nuestra divinidad miles de veces hasta la fecha y aún así seguimos siendo la misma persona malhumorada, irritable y frustrada. Si ese conocimiento libera realmente, ¿por qué seguimos sufriendo mentalmente? La propia Amma nos da la respuesta. Dice: “Hijos, lo que os falta no es conocimiento, sino conciencia”. ¿Qué quiere decir Amma con conciencia? Quiere decir la capacidad de nunca —ni en las circunstancias más estresantes, llenas de acción o potencialmente fatales— olvidar la verdad de quiénes somos. Como se dice en la Bhagavad-Gīta:

naiva kiṁcit-karomīti yukto manyeta tattvavit |
paśyañ-śṛṇvan-spṛśaṇ-jighrannaśnan-gacchan-svapañśvasan ||
pralapan-visṛjan-ghṛṇannunmiṣan-nimiṣannapi |
indriyāṇīndriyārtheṣu vartanta iti dhārayan ||

“Incluso mientras ve, oye, toca, huele, come, anda, duerme, respira, habla, se vacía, sostiene, abre y cierra los ojos, el sabio permanece centrado en el Ser, sabiendo que 'los sentidos se están moviendo entre los objetos sensibles, pero yo no hago nada en absoluto'”.

Bhagavad-Gīta, 5.8-9

Esa es la conciencia que Amma nos dice que tenemos que cultivar. La mayoría de nosotros puede comprender intelectualmente el Vedānta, pero, cuando el cuerpo experimenta dolor, nos olvidamos de la verdad de que “yo no soy el cuerpo”. La mayor parte de nosotros puede comprender intelectualmente que no somos las emociones; pero cuando alguien nos ofende, olvidamos esa verdad y nos enojamos. La mayoría de nosotros puede incluso entender que el centro de quienes somos está más allá de las ideas intelectuales que entran en nuestra cabeza y salen de ella; pero, ¿cuántos de nosotros pueden mantener esa conciencia a lo largo del día? En esencia, el problema es una deficiencia de nuestra capacidad de conciencia; es nuestra incapacidad de permanecer concentrados en esa enseñanza mientras vivimos nuestra vida.

Con nuestras distintas prácticas espirituales intentamos poner a punto nuestra capacidad de concentración. Cuando desarrollamos esa capacidad adecuadamente, podemos utilizarla para mantener la conciencia de nuestra verdadera naturaleza durante nuestra vida diaria. En su comentario sobre la Chāndogya Upaniṣad, Ādi Śaṅkarācārya define la meditación saguṇa como "establecer un flujo continuo de modificaciones de la mente [es decir, pensamientos] similares sobre algún objeto tal como lo presentan las escrituras y que no es interrumpido por ninguna idea distinta". Śaṅkara revela entonces que el conocimiento del Ser también es la continuidad de una mera modificación mental: el conocimiento de que la verdadera naturaleza propia es la conciencia dichosa y eterna. Dice que la única diferencia entre esa modificación mental y las demás modificaciones es que, cuando permanecemos constantemente con pensamientos sobre nuestra verdadera naturaleza, queda demolida toda sensación de división entre nosotros, el mundo, la gente que nos rodea y Dios. Con la demolición de esas divisiones llega la demolición de todas las aflicciones que surgen de ellas, como la ira, la depresión, la soledad, la envidia y la frustración.

Esta idea de poner a punto la mente con la meditación saguṇa y después utilizar esa mente educada para concentrarse en las enseñanzas espirituales se explica en la Muṇḍaka Upaniṣad[3] con la metáfora de un arco, una flecha y una diana. En esencia, la upaniṣad nos aconseja afilar la flecha de la mente con la meditación saguṇa y después, utilizando el poderoso arco de la sabiduría espiritual que son las upaniṣads, hacer que se funda con la diana: la conciencia imperecedera, omnipresente y dichosa.

La Gīta también define claramente el papel de la meditación saguṇa en la misma dirección:

tatraikāgraṁ manaḥ kṛtvā yata-cittendriya-kriyaḥ |
upaviśyāsane yuñjyād-yogam-ātma-viśuddhaye ||

[3] Muṇḍaka Upaniṣad, 2.1.4-5

> "Sentado allí en su asiento, haciendo que la mente se centre en un punto y conteniendo la facultad de pensar y los sentidos, debe practicar yoga para purificarse".
>
> Bhagavad-Gīta, 6.12

La meditación saguṇa es un escalón: "afilar la flecha". Como el karma yoga, purifica nuestro equipo mental. Aunque el karma yoga y la meditación saguṇa no proporcionan directamente el conocimiento del Ser, habría que ser tonto para decir que no son importantes. Son *imprescindibles.* Sin ellos, nunca seremos capaces de alcanzar la meta que estamos buscando. Nuestra parte favorita de la *pūja* [adoración] puede ser tomar el *prasād* [ofrenda consagrada]; pero, a menos que pasemos por todos los pasos previos —la invocación, las ofrendas, las oraciones, el *ārati*, etc.— en realidad el prasād no es en absoluto prasād, sino solo comida. Del mismo modo, el fruto del conocimiento solo vendrá si hemos dado los imprescindibles pasos previos. Amma compara a menudo esos pasos con limpiar el recipiente (es decir, la mente) antes de echar la leche (la sabiduría). "Si echamos leche en un recipiente sucio, la leche se echará a perder". Amma dice: "Tenemos que limpiar el recipiente antes de echar la leche en él. Los que deseen elevarse espiritualmente primero deberán intentar purificarse. Purificar la mente es eliminar los pensamientos negativos e innecesarios y reducir el egoísmo y los deseos".

Algunas personas dicen que no están interesadas en hacer meditación saguṇa. Dicen que mejorarán su capacidad de concentración utilizando pensamientos sobre su verdadera naturaleza. Pero Śaṅkara dice que, al menos al comienzo de la vida espiritual, es preferible mejorar la capacidad de concentración por medio de esas meditaciones saguṇa. Eso se debe a que la contemplación de algo sin nombre o forma es sumamente sutil y, por tanto, más difícil. Si la mente no está adecuadamente educada, los intentos de contemplar la realidad sin forma solo producirán sueño o aletargamiento; pero las meditaciones saguṇa —concentrarse en una forma o nombre de Dios, en la respiración o en partes del cuerpo, etc.— son relativamente fáciles. Por tanto, hasta que nuestra capacidad de concentración se perfeccione, podemos utilizar estas clases de meditación para mejorarla. Como veremos en el capítulo nueve, cuando se está preparado se supone que la meditación nirguṇa [meditación en el Ser sin forma] hay que hacerla *constantemente*, hasta cuando caminamos, hablamos, comemos, estamos sentados, etc. Teniendo esto en cuenta, es muy pertinente que Amma nos diga no solo que hay que reservar algo de tiempo para hacer mantra japa formal (es decir, sentados y con los ojos cerrados), sino también que intentemos realizarlo "con cada respiración". De hecho, eso está preparando nuestra mente para esa meditación nirguṇa constante que llega como la práctica espiritual suprema.

Śaṅkara también dice que, a medida que nuestra mente se purifica más y más con las meditaciones saguṇa, estas pueden llegar a darnos "un vislumbre de la realidad del Ser". Esos vislumbres nos llenarán de inspiración para perseverar en nuestras prácticas con más y más intensidad y entusiasmo.

Los Yoga Sūtras

Quizás la máxima autoridad sobre la meditación saguṇa fuera el sabio Patañjali. Patañjali fue el autor de los Yoga Sūtras, que explican paso a paso un proceso para lograr el éxito en la meditación. De esos *sūtras* [aforismos] procede la conocida expresión '*aṣṭāṅga yoga*' [el yoga de ocho pasos]. Según Patañjali, la meditación debe abordarse en ocho pasos sucesivos: *yama*, *niyama*, *āsana*, *prāṇāyāma*, *pratyāhāra*, *dhāraṇa*, *dhyāna* y después *samādhi*. Se traducen respectivamente como: abstenciones, observancias, postura, control de la respiración, retirada de los sentidos, concentración mental, concentración mental continua y absorción.

Yama

Según Patañjali, si queremos establecer una práctica de meditación exitosa, primero debemos asegurarnos de estar cumpliendo los cinco yamas y los cinco niyamas: las abstenciones y las observancias específicas. Los yamas —abstenciones— son *ahimsa, satya, asteya, brahmacārya* y *aparigraha.*

Ahimsa significa "no violencia". Para tener éxito en la meditación, hay que evitar la violencia. Esta es una de las normas más importantes que todos los seres humanos deben cumplir. Con pocas excepciones, siempre debemos evitar hacer daño a nadie. Eso es importante no solo para el crecimiento armónico de la sociedad sino también para nuestro crecimiento interior. La verdad suprema proclamada por los sabios es que en esencia todos somos uno. Si queremos conocer esa verdad, debemos empezar por tratarnos mutuamente como si fuéramos uno. ¿Se haría alguien en su sano juicio daño alguna vez a sí mismo intencionadamente? Y, si esa no fuera razón suficiente para abstenerse de la violencia, siempre está el hecho de que nuestras acciones violentas volverán a nosotros por los dictados de la ley del karma.

Cuando intentamos vivir una vida de no-violencia, debemos abordarla en tres niveles: violencia física, violencia verbal y violencia mental. Si alguien se nos cruza en el tráfico y empezamos a tratar de echarle de la carretera, eso es violencia física. La mayoría de nosotros probablemente seamos capaces de abstenernos de esa actividad. (Sin embargo, ¿cuántos de nosotros quizás le demos un puñetazo al volante después de un episodio así? ¿O incluso haremos algunos gestos "amorosos"?) La violencia verbal sería gritar por la ventana unas determinadas palabras selectas. La violencia mental es la forma más sutil de violencia y, por eso, la más difícil de superar. Es cualquier pensamiento malintencionado; imaginar que realizamos violencia física o verbal a alguien. A menudo toleramos nuestra *himsa* [violencia] mental porque creemos que no produce efectos negativos; pero, si la dejamos permanecer sin control, acabará manifestándose física o verbalmente. Como dijo Amma en su discurso de la Cumbre de la Paz Mundial del Milenio, en la Asamblea General de las Naciones Unidas de Nueva York, en 2002: "Solo trasladar las armas nucleares del mundo a un museo no traerá por sí mismo la paz mundial. Primero hay que eliminar las armas nucleares de la mente".

El segundo yama es satyam: decir la verdad o no mentir. Indudablemente, solo hay que decir la verdad. Sin embargo, antes de decir la verdad hay que reflexionar sobre a quién ayudará y a quién perjudicará lo que se diga. Si se beneficia a más gente de la que saldrá perjudicada, se puede hablar. Si más gente va a resultar perjudicada, mejor quedarse callado. Como dice Amma: "Solo porque alguien se parezca a un mono, no hace falta ir y decírselo". Si no se ayuda a nadie, probablemente no merece la pena decir nada; simplemente hay que contener la lengua. No hace falta aumentar la contaminación sonora que infesta el planeta. La verdad es la naturaleza humana. Cuando mentimos, nos ponemos en contra de nuestra verdadera naturaleza. De ese modo, es como si estuviéramos introduciendo una impureza en nuestro organismo.

El tercer yama es asteya: no robar. Hay un bello dicho según el cual el único pecado es robar. Cuando matamos, robamos el derecho a la vida de alguien. Cuando mentimos, robamos el derecho de alguien a la verdad. Cuando hacemos trampas, robamos el derecho de alguien a la justicia. Robamos siempre que obtenemos algo por medios ilícitos. Robar es un tabú universal. Hasta el ladrón sabe que está mal; de otro modo, no le importaría que uno de sus compañeros le estafara.

El siguiente yama es brahmacārya. El brahmacārya se suele interpretar como celibato; pero no a todos los sectores de la sociedad se les exige un celibato total. Así que aquí podemos definir el brahmacārya como el evitar cualquier comportamiento sexual inadecuado en el lugar que ocupamos en la sociedad. Eso será diferente en cada cultura. Ciertamente, los *brahmacāris* [estudiantes discípulos] y los *sannyāsis* [monjes] tienen prohibidas todas esas actividades. No tiene nada de malo el que las parejas casadas se muestren afecto mutuamente; pero se espera que reserven ese afecto solo para su cónyuge. De hecho, Amma dice que hay que contraer matrimonio para superar el deseo, no para enredarse más en él.

El último yama es aparigraha: no acumular. Poseer cosas está bien; pero, de nuevo, no hay que poseer más allá de ciertos límites. En general, Amma nos dice que intentemos pasar con lo mínimo, en especial en relación con los lujos. A menudo, Amma les pide a las mujeres que reduzcan la cantidad de ropa que compran cada año y a los hombres que dejen el tabaco y el alcohol. Amma sugiere que el dinero ahorrado podría donarse a obras benéficas.

Estos cinco yamas son valores humanos básicos y, de hecho, todos deben seguirlos, no solo los meditadores. Pero desde la perspectiva de una meditación exitosa, tienen una especial importancia. Si violamos cualquiera de los cuatro primeros yamas —no violencia, veracidad, no robar, fidelidad— normalmente dejarán una profunda impresión en nuestra mente que volverá a la superficie cuando estemos intentando meditar, convirtiéndose en un obstáculo para lograr concentrarnos en un solo punto. Puede ser el remordimiento de una conciencia culpable o simplemente el resurgir del recuerdo. El yama final, aparigraha, perturba la mente porque cuando acumulamos cosas estamos en realidad permitiéndoles a nuestros deseos que se descontrolen. Durante nuestros intentos de meditar, eso se manifestará como miedo de perder lo que hemos acumulado o como pensamientos de acumular más.

Niyama

Después vienen los cinco niyamas: lo que deben practicar los que practican meditación. El primero es *śaucam*, la limpieza. Las escrituras dicen que debemos mantener limpios el cuerpo, la ropa y nuestro entorno físico. La falta de limpieza no solo es poco saludable para nosotros y para los demás, sino que también perturba la mente. Cuando nuestra zona de trabajo está desordenada, comprobamos que también podemos distraernos fácilmente. En cambio, cuanto más ordenada esté, más fácilmente concentraremos la mente. Para la mayoría de la gente, la mente no puede organizarse a menos que antes lo esté nuestro entorno. Por eso, antes de sentarnos a meditar debemos asegurarnos de que nuestro entorno esté limpio.

El segundo niyama es *santoṣam*, la satisfacción. Amma dice que la satisfacción es una actitud mental. No podemos lograr siempre que el mundo exterior se acomode a nuestros gustos y aversiones, pero el mundo interior debe estar bajo nuestro control. Si se busca el éxito en la meditación, es vital que se tome la decisión de estar alegre venga lo que venga en la vida. Eso no quiere decir que no haya que esforzarse por el éxito o por el cambio. Debemos esforzarnos por destacar en nuestra profesión y en el campo de acción elegido; sin embargo, no debemos relacionar el éxito y el fracaso en esos campos con nuestra paz mental. Inténtalo con todas tus fuerzas, pero permanece satisfecho tanto si llega el éxito como el fracaso. Santoṣam va de la mano con el yama aparigraha en el sentido de que si aprendemos a estar satisfechos con el mínimo de lujos, podremos utilizar el resto de nuestros recursos en beneficio de la sociedad.

Es importante cultivar la satisfacción porque, si analizamos realmente la mente humana, veremos (como se dijo en el capítulo cinco) que no se puede nunca lograr la satisfacción mediante las posesiones. Se logre lo que se logre, siempre se quiere más. En cuanto conseguimos un ascenso en el trabajo, empezamos a pensar en el siguiente. El congresista quiere ser senador, el senador quiere ser presidente y el presidente quiere gobernar el mundo. Cuando lleguemos a comprender esta verdad, empezaremos a tratar de cultivar una satisfacción que no se base en el dinero o las posesiones. Una mente que no esté al menos relativamente satisfecha nunca será capaz de concentrarse en la meditación.

El tercero es *tapas*, la austeridad. Solo somos capaces de mantener la mente y los órganos sensibles bajo control mediante austeridades. Cuando no nos ponemos límites, nos volvemos como un niño suelto en una tienda de caramelos. El resultado es un caos y un niño enfermo. Del mismo modo, cuando el ser humano no se controla, termina dañando a la sociedad y a sí mismo. Hay un bonito dicho en la India: "Deja que las cabras vaguen sueltas y el patio quedará hecho un desastre; átalas a un poste y limpiarán bien la zona". Solo con la abstinencia logramos verdadera fuerza mental. Ese es el significado de los distintos votos que la gente hace en la vida religiosa. Amma aconseja elegir un día a la semana para pasarlo ayunando y en silencio. Cuando sabemos que podemos pasarnos sin algo, ya no tiene control alguno sobre nosotros. Durante la meditación queremos estar cien por cien concentrados en un único objeto mental. A menos que hayamos logrado un relativo control sobre nuestra mente y nuestros órganos sensibles, negándonos a ceder siempre a sus deseos, nunca podremos concentrarnos al meditar.

El cuarto niyama es *svādhyāya.* Literalmente, svādhyāya significa "autoestudio". Estudiar las escrituras y las palabras de nuestro guru no es una actividad extrovertida. El guru y las escrituras son el espejo con el que miramos hacia el interior para ver quiénes somos en realidad. Amma dice que un buscador serio debe dedicar algún tiempo todos los días a estudiar las escrituras y las enseñanzas del guru. De hecho, esa es la primera instrucción del Sādhana Pañcakam de Ādi Śaṅkarācārya: *vedo nityam adhīyatām*, "que estudies las escrituras diariamente". Solo con su estudio llegaremos a conocer el objetivo último de la vida y cómo alcanzarlo. Además, no se puede meditar ni entender el lugar de la meditación en el camino espiritual a menos que aprendamos antes esas cosas de una fuente adecuada, sea Amma o las escrituras tradicionales.

La última práctica es *īśvara praṇidhānam*, la entrega a Dios. Eso significa realizar todas las acciones como adoración al Señor.

En esencia, indica la actitud de karma-yoga, ya que en el karma yoga entregamos nuestras acciones al Señor y aceptamos cualquier resultado que nos llegue como *prasād*. Como se dijo en el capítulo cinco, aplicando la actitud de karma-yoga es como superamos nuestros gustos y aversiones. A menos que logremos tenerlos bajo control, nuestra mente nunca estará lo suficientemente tranquila como para sentarnos en una meditación concentrada.

Āsana

El paso siguiente del sistema de Patañjali es āsana. Āsana significa "postura" o "asiento". Antes de empezar la meditación hay que asegurarse de poder estar sentado continuamente en una postura adecuada. Igual que Kṛṣṇa le aconseja a Arjuna en el capítulo sexto de la Gīta, Amma siempre nos aconseja que nos sentemos derechos e inmóviles, con la columna vertebral, el cuello y la cabeza alineados. Amma también recomienda que la barbilla esté ligeramente elevada. Podemos colocar las manos cruzadas sobre el regazo o ponerlas sobre los muslos con las palmas hacia arriba. Sentarse en esa postura hace que el peso del pecho no caiga sobre los pulmones, permitiendo así que la respiración sea ligera y fácil durante la meditación. La posición de las manos y la rectitud de la columna vertebral también son favorables para el adecuado flujo ascendente del *prāṇa* [energía], que favorece la meditación. Uno se puede sentar en cualquier posición cómoda, con las piernas simplemente cruzadas, en posición de medio loto o en *padmāsana* [loto completo] si es posible. No debe haber tensión, así que no hay que forzarse a estar en ninguna posición de la que no se pueda salir fácilmente. No sirve para nada sentarse en una postura en la que lo único que se va a lograr es meditar incómodamente. Sin duda, también está bien sentarse en una silla, si es necesario; pero hay que evitar apoyarse en el respaldo de la silla, porque eso conduce fácilmente al sueño. En la Gīta, Kṛṣṇa dice que el cojín o la esterilla sobre el que nos sentemos no deberá ser ni demasiado blando ni demasiado duro. Tampoco se recomienda sentarse directamente en el suelo o en la tierra, sin ninguna clase de esterilla o alfombrilla. Los maestros de meditación dicen que, igual que un circuito eléctrico pierde potencia cuando se pone a tierra, también la energía del cuerpo se debilita cuando el cuerpo entra en contacto directo con la tierra.

Āsana también puede referirse a los āsanas del *haṭha-yoga*, que es en lo que suele pensarse cuando se oye la palabra "yoga". Una práctica regular de haṭha-yoga es una manera excelente de conservar la salud y la vitalidad; pero debemos asegurarnos de que nos enseñe un verdadero maestro de haṭha-yoga, porque esos estiramientos son bastante sutiles y, si se hacen incorrectamente, pueden tener repercusiones perjudiciales. También hay que señalar que, en el contexto del sistema aṣṭāṅga de Patañjali, el haṭha yoga no es un fin en sí mismo. Más bien hay que realizarlo como *preparación* para la meditación sentada, aflojando el cuerpo para poder sentarse adecuadamente durante el tiempo escogido de meditación, estimulando un flujo favorable del prāṇa y volviendo la mente lentamente hacia el interior. Ese es el objetivo de todos los āsanas que se incluyen en la Técnica IAM® de Amma.

Prāṇāyāma

Después del āsana, el paso siguiente es prāṇāyāma, que significa "control de la respiración". Como el haṭha yoga, el prāṇāyāma produce efectos sumamente sutiles y puede ser perjudicial si no se practica adecuadamente bajo la observación directa de un maestro experimentado. En la actualidad, muchos individuos e instituciones enseñan técnicas muy sutiles de prāṇāyāma a cualquiera que esté dispuesto a pagar los honorarios. Amma cree que eso es muy peligroso y a menudo advierte sobre ese problema. Casi cualquiera puede practicar prāṇāyāma sencillo[4];

[4] Las personas con problemas de corazón, asma, tensión alta o que estén embarazadas deben consultar a su médico.

pero un prāṇāyāma complicado y prolongado se recomienda tradicionalmente de persona a persona, según la capacidad física y vital y la capacidad de control de cada uno. Amma nos advierte que seamos especialmente cuidadosos para evitar retener a la fuerza la respiración después de la inspiración o la espiración. Amma dice: "En los viejos tiempos, cuando el guru iba a iniciar a alguien en prāṇāyāma, le mandaba buscar una fibra de cáscara de coco marrón, o quizás una brizna de hierba o un hilo. Después el guru lo sostenía debajo de la nariz del discípulo y observaba en él los diferentes aspectos de su respiración, como la fuerza, la duración, la longitud y la naturaleza del flujo de cada fosa nasal. Solo después de eso recomendaba el estilo, la duración y el número de repeticiones requeridos".

En las técnicas de meditación que enseña Amma, vemos que no aconseja prāṇāyāmas complicados. Aparte de un prāṇāyāma energico y sumamente breve al comienzo de la Técnica IAM®, Amma aconseja principalmente *prāṇa vīkṣaṇa*, respirar normalmente y con conciencia. De hecho, esa es una parte central de la Técnica Mā-Om. Las respiraciones deben ser uniformes y suaves. En Mā-Om, Amma hace que unamos nuestra inspiración a la recitación mental del *bījākṣara* [sílaba semilla] *mā* y la espiración a la recitación mental de *om*. Esta clase de prāṇāyāma se conoce como *sagarbha prāṇāyāma*, literalmente, prāṇāyāma "impregnado" con un mantra. Cuando tenemos en cuenta que las técnicas de meditación enseñadas por Amma le llegaron intuitivamente, es sorprendente ver lo perfectamente que concuerdan con prácticas que se encuentran en distintas escrituras tradicionales. Cosas así son un verdadero testimonio de la afirmación de que un sadguru es una escritura viviente.

En el sistema de Patañjali, el prāṇāyāma —igual que el āsana— no es un fin en sí mismo, sino un paso dirigido a llevar lentamente la mente cada vez más hacia el interior. El haṭha yoga se hace enfocando la mente en el cuerpo exterior. En el prāṇāyāma, el foco de la atención se vuelve más sutil: la propia fuerza vital que está *dentro* del cuerpo. De esa forma, vemos que Patañjali nos mueve sistemática y gradualmente, paso a paso, hacia el interior, aumentando así la sutileza de la práctica y, en consecuencia, la fuerza de su influencia.

Pratyāhāra

La siguiente etapa es pratyāhāra, la retirada de los sentidos. Es mero sentido común: no podemos empezar a centrarnos en algo que está en la mente si todavía estamos activamente conectados con el mundo exterior por medio de los ojos, los oídos, la nariz, la lengua y la piel. Los ojos los podemos cerrar. Y probablemente podemos evitar comer durante la práctica. Sin embargo, nos resultará difícil meditar si se nos molesta mediante el tacto, el olor o el oído. Por eso las escrituras nos aconsejan meditar en una soledad al menos relativa o temprano por la mañana, cuando el resto del mundo está durmiendo. El lugar también tiene que estar limpio. En los lugares sucios a menudo hay olores nauseabundos, quizás incluso mosquitos, un enemigo insistente del meditador. De esa forma podemos dominar la naturaleza naturalmente extrovertida de los órganos sensibles, permitiendo que la mente se concentre en nuestro objeto elegido de meditación.

Sin embargo, Amma dice que hay que adquirir la capacidad de meditar en cualquier entorno. Cuando entré en el āśram, los aldeanos dejaban muchísimas cáscaras de coco en la ría. El agua salada ayuda a descomponer las cáscaras, haciendo que sea fácil cortarlas en tiras y después tejerlas haciendo cuerdas de fibra de coco. Pues bien, dejadme decir que pocas cosas huelen peor que un montón de cáscaras de coco que se están pudriendo. Y el sonido de las señoras machacando las cáscaras era un ataque aún mayor a los sentidos. Sin embargo, Amma hacía que nos sentáramos justo allí al lado y meditáramos un par de horas seguidas. En opinión de Amma, no hay que posponer la meditación por falta de tranquilidad o de "un lugar adecuado". Cuando llega la hora programada para meditar, hay que ser capaces de retirar la mente y concentrarse, independientemente de donde se esté. Al pedirnos que meditásemos cerca de cáscaras en putrefacción, Amma nos estaba ayudando a adquirir esa capacidad.

Dhāraṇa

El siguiente paso es dhāraṇa, la concentración mental. Aquí, la idea es simplemente aplicar una mente sin obstrucciones al campo elegido. Puede ser la imagen mental de un dios, una diosa o un guru. Puede ser la respiración o nuestro mantra. Pueden ser una parte física de nuestro cuerpo. Los Vedas enumeran cientos de esos objetos para meditar[5]. Puede ser cualquier objeto; pero las escrituras nos dicen que hay que conectar mentalmente ese objeto con lo divino. Por eso, en la Meditación Mā-Om de Amma, Amma siempre se toma tiempo para decir que el sonido *om* es un símbolo de la luz divina (es decir, la conciencia) y el sonido *mā* un símbolo del amor divino. No es que después pensemos en la conciencia o el amor divino; simplemente hay que concentrar la mente en la respiración unida a los sonidos *mā* y *om*. Pero habremos hecho el *saṅkalpa* [resolución] de lo que representan.

Dhyāna

Dhāraṇa solo es un pensamiento. El siguiente paso, dhyāna, es la continuidad de ese pensamiento. Como dice Śaṅkara: "Establecer un flujo continuo de modificaciones de la mente [es decir, pensamientos] semejantes sobre algún objeto tal como lo presentan las escrituras, sin que lo interrumpa ninguna idea diferente". En la etapa de dhyāna, la mente tiene un único pensamiento, pero solo se mantiene por nuestro esfuerzo. Es una lucha.

Estoy seguro de que todos hemos tenido experiencias parecidas a esta: estamos sentados en meditación, intentando centrarnos

[5] Predominantemente en las secciones llamadas *araṇyakas*.

mentalmente, por ejemplo, en la forma de Devi. Nos concentramos en la corona, el pelo, después en el *sāri*... Viendo el sāri mentalmente, pensamos: "¡Qué bonito es el sāri de Devi! De un bello azul profundo... Azul como el mar..." Y entonces aparece nuestra astuta mente: "Me acuerdo del verano pasado cuando fui de crucero a Venezuela..." Y entonces empezamos a pensar en un restaurante en el que comimos allí... Y después en unas personas interesantes que conocimos allí... "Aquel hombre del restaurante llevaba un reloj realmente bonito... Realmente necesito un reloj nuevo... Quizás debiera ir mañana al centro comercial... La última vez que fui al centro comercial acabé discutiendo con mi hermana Devika..." ¡Vaya! De repente recordamos que se suponía que estábamos meditando en Devi.

Así es la mente: un flujo de pensamientos. Normalmente ese flujo es totalmente desenfrenado: una simple corriente de pensamientos basados en asociaciones mentales y *vāsanas* [tendencias mentales]. Con práctica podemos adquirir la capacidad de canalizar ese flujo de pensamientos hacia un objeto. Es como ponerle vías al tren: aseguran que vayamos por el camino correcto y lleguemos a nuestro destino. A medida que aumenta nuestra capacidad de conciencia, también lo hace nuestra capacidad de agarrar la mente cuando se desvía de su rumbo. Cuando podemos centrar nuestra atención constantemente en el campo mental elegido, a eso se le llama dhyāna.

Samādhi

La culminación de la meditación saguṇa es el samādhi, la completa absorción sin esfuerzo en el pensamiento que hemos escogido. Aquí la mente fluye sin obstáculos, siendo la imagen tradicional la de la llama de una lámpara de aceite que no parpadea dentro de un recipiente de vidrio. Hasta esta etapa de la meditación, siempre hay dos: el meditador y el objeto de meditación; pero en el samādhi el meditador se olvida completamente de sí mismo y el objeto de meditación se convierte en la única realidad que existe para él. Es la culminación de la meditación saguṇa. Incluso en algunos momentos de la vida cotidiana, cuando vemos la televisión o una película, nos absorbemos tanto en lo que está pasando que nos olvidamos completamente de nosotros mismos. Antes de que nos demos cuenta han pasado dos horas. Obviamente, la diferencia entre ver la televisión y meditar es que la tendencia natural e inferior de la mente y los órganos sensibles es ir hacia afuera mientras que en la meditación los estamos entrenando para ir hacia adentro. Sin embargo, todos hemos experimentado momentos en los que nos perdemos en el pensamiento —quizá en una idea intelectual, o soñando despiertos—; pero mientras nuestra concentración sea involuntaria no producirá el perfeccionamiento mental que estamos buscando con la meditación saguṇa.

Es importante apuntar que no hay que confundir el samādhi en la meditación con el conocimiento del Ser. El conocimiento del Ser es un cambio en nuestra comprensión por la que llegamos a entender nuestra verdadera naturaleza, la naturaleza del mundo que nos rodea y la naturaleza de Dios, siendo todos ellos en esencia conciencia dichosa y eterna. Se la llama una experiencia advaita —no dual— porque vemos de una vez para siempre que lo único que hay dentro y fuera es conciencia. Esa comprensión es definitiva y permanece con nosotros tanto si estamos sentados con los ojos cerrados en meditación como si estamos comiendo, durmiendo, caminando o hablando. En el samādhi de Patañjali, la experiencia de dicha se debe a la concentración de la mente en un solo punto. Cuando está enfocada en un punto, la mente se queda tan quieta que la dicha del Ser brilla a través del equipo mental que normalmente la oculta. De ese modo logramos, como dice Śaṅkara, "un vislumbre de la realidad del Ser". Sin embargo, cuando se deja de meditar y se abren los ojos, el mundo dualista vuelve, el vislumbre se acaba y seguimos siendo la misma persona con todas nuestras negatividades. Por eso se dice que la dicha inacabable solo puede venir del conocimiento. El origen de esta idea equivocada —que el samādhi de la meditación es lo mismo que el conocimiento del Ser— es que a veces también se le llama "samādhi" al conocimiento del Ser. Sin embargo, técnicamente, al conocimiento del Ser se le llama *sahaja samādhi,* un "samādhi natural" procedente de la comprensión de que todo es uno.

De hecho es una idea bella y fascinante. En el samādhi meditativo reducimos la mente a un pensamiento y por eso experimentamos dicha. En el sahaja samādhi comprendemos que todo lo que vemos y pensamos tiene realmente una única esencia y así experimentamos la dicha. En aquel reducimos a uno la pluralidad mediante la disciplina; en este lo reducimos a uno mediante la comprensión. El samādhi meditativo es transitorio: acaba cuando concluye la meditación. Sin embargo, el samādhi basado en la compresión, cuando se logra, nunca se acaba.

Amma dice a menudo que la mayoría de la gente solo logra un minuto o dos de verdadera concentración en una sesión de una hora de meditación. Dice que la verdadera meditación no es simplemente sentarse con los ojos cerrados, sino "un estado de concentración ininterrumpida como una corriente sin fin"; es decir, el samādhi de Patañjali. Pero de todas formas eso está bien, dice Amma. Nuestra capacidad de concentración aumentará con el tiempo y con la práctica. Amma explica esto a menudo diciendo: "Supongamos que ponemos agua en el hornillo para hacer té. Si alguien pregunta qué estamos haciendo, diremos que estamos haciendo té. En realidad, solo se está calentando el agua; es solo el comienzo. Todavía no hemos añadido las hojas de té, la leche o el azúcar. Aun así diremos que estamos haciendo té. Del mismo modo, decimos que estamos meditando, pero es solo el comienzo. Todavía no hemos llegado al estado de verdadera meditación".

Otras prácticas espirituales

Aumentar la capacidad de concentración es la meta de la mayor parte de las prácticas espirituales. La diferencia es que la meditación es una actividad puramente mental en la que hay que lograr la concentración en el objeto de meditación solo con la mente mientras que en las demás prácticas nos apoyamos en distintos órganos sensibles.

Por ejemplo, Amma aconseja mucho la recitación diaria del Lalita Sahasranāma, los Mil Nombres de la Madre Divina. En esta práctica, no solo *pensamos* en los mantras, sino que además los recitamos en voz alta, implicando así tanto al *karmendriya* [órgano de acción] de la lengua como al *jñānendriya* [órgano de conocimiento] del oído. También podemos leer los mantras, recurriendo así además al apoyo del órgano de los ojos. Algunas personas hacen como si estuvieran arrojando pétalos de flores a cada nombre que recitan, recurriendo también al apoyo del órgano de acción de las manos. Cuantos más órganos sensibles participen, más fácil será lograr la concentración en un solo punto. El canto de *bhajans* funciona según el mismo principio. Por eso muchas personas a las que les resulta difícil lograr concentración en un punto en la meditación, prefieren recitar mantras o cantar bhajans. La regla general es esta: cuantos más sentidos participen, más fácil será concentrarse. E inversamente, cuantos menos sentidos utilicemos, más poderosa será la práctica.

Para comprender esto, es útil pensar en alguien que esté haciendo ejercicio físico. Cuantos más músculos individuales utilice para levantar el peso, más fácil le resultará hacerlo. Al mismo tiempo, cuantos menos músculos participen en ese levantamiento de peso, más ejercitará los músculos que utilice. En las prácticas espirituales no nos interesa realmente mejorar la capacidad auditiva, de visión, de oído, etc. Queremos fortalecer la mente. Por eso, a cuantos menos órganos sensibles recurramos, más ejercicio hará la mente. Por eso, Ramaṇa Maharṣi escribió en su tratado Upadeśa Sāram:

uttama stavāducca mandataḥ |
cittajaṁ japa-dhyānam-uttamam ||

> "La repetición en voz alta es mejor que la alabanza. Mejor todavía es murmurarlo suavemente. Pero lo mejor es la repetición mental; esa es la verdadera meditación".
>
> Upadeśa Sāram, 6

Y ese es el mismo consejo que Amma nos da cuando recibimos mantra *dīkṣa* [iniciación] de ella. Dice: "Al principio, recitad el mantra de manera que solo tú puedas oír el sonido. Cuando seáis capaces de hacerlo así con concentración en un solo punto, recitadlo moviendo solo los labios, como un pez. Cuando os instaléis firmemente en eso hay que acostumbrarse a recitarlo solo mentalmente". Podemos interpretar esto de dos maneras. "El principio" puede significar el periodo inicial después de nuestra iniciación en el mantra. O puede significar el comienzo de nuestra práctica diaria de mantra-japa. Así que, en general, a medida que avanzamos en el macrocosmos de nuestra vida, debemos intentar perfeccionar nuestras prácticas espirituales y hacerlas más sutiles. Al mismo tiempo, esto puede reflejarse en el microcosmos de nuestra práctica diaria.

Igual que recitar un mantra mentalmente es más poderoso que recitarlo oralmente, se dice que recitar un mantra una y otra vez es más poderoso que recitar una serie de mantras. Eso se debe a que la naturaleza de la mente es fluida. Siempre está buscando algo nuevo. Cuando ha extraído el jugo de una cosa, quiere seguir con algo nuevo. Cuanto más limitamos la mente, menos la estamos dejando adherirse a su naturaleza extrovertida. Con estas prácticas es como si estuviéramos aplicando frenos mentales, luchando por llevar la mente por un camino elegido por nosotros. Antes no hemos tenido el control; ha sido, como dice Amma, "un caso en que la cola mueve al perro". Cuando aplicamos los frenos se produce calor. El calor es una señal de que la mente se está purificando. No es una coincidencia que la palabra sánscrita para "calor" y para "austeridad" sea la misma: tapas. Eso no significa que a todos los que les guste recitar en voz alta deban dejar de hacerlo. Tenemos que hacer introspección, evaluar sinceramente nuestro nivel y entonces avanzar, tratando de intensificar nuestras prácticas con el paso del tiempo.

A pesar de eso, Amma dice que recitar el Lalita Sahasranāma en voz alta proporciona un beneficio especial. Dice que cuando se hace así con el ritmo adecuado, es casi una forma de prāṇāyāma, que regula sin esfuerzo la respiración y, de ese modo, relaja y purifica el cuerpo y la mente.

Obstáculos en la meditación

La meditación es una de las prácticas espirituales más sutiles. Para algunos es una fuente de gran dicha; para otros una fuente de gran frustración. La mayoría se encuentra en algún lugar entre ambos. En su comentario de la Māṇḍḥūkya Upaniṣad, Śrī Gauḍapādācārya, el guru del guru de Ādi Śaṅkarācārya, menciona cuatro obstáculos específicos de la meditación, así como sus remedios. Son *laya, vikṣepa, kaṣāya* y *rasāsvada.*

Laya significa sueño. La mayor parte de nosotros estamos demasiado familiarizados con este problema, especialmente cuando empezamos a practicar meditación. Es natural. Nuestra vida entera hemos asociado el cerrar los ojos y relajarnos con dormir. Ahora, de repente, queremos cerrar los ojos y, sin embargo, permanecer alerta. Por eso, a menudo terminamos roncando. Para superar ese obstáculo tenemos que buscar la causa del sueño.

Normalmente nos dormimos al meditar por falta de sueño durante la noche, demasiada comida, excesivo ejercicio físico o problemas de salud, como tensión baja, etc. En relación con este problema, lo más frecuente es que Amma le diga a la gente que se ponga de pie y se mueva durante un rato. "Si tienes sueño, levántate y camina mientras recitas tu mantra; entonces se irá el *tamas* [letargo]. En las fases iniciales de la meditación salen a la superficie todas tus cualidades tamásicas. Si estás vigilante, desaparecerán a su debido tiempo. Cuando tengas sueño, recita el mantra utilizando una *japa māla* [collar de cuentas de oración]". Si el objeto de meditación es una imagen, Amma recomienda abrir los ojos y concentrarlos en la imagen exterior. Cuando el sueño haya pasado, podemos cerrar los ojos y volver a la visualización interior.

Recuerdo que, en los primeros tiempos del āśram, Amma se sentaba con nosotros durante la meditación con una bolsa de piedrecitas al lado. Si alguien empezaba a quedarse dormido, Amma le tiraba una, siempre con excelente puntería. A veces todavía vemos esto en los programas de Amma. Como el *darśan* suele durar hasta las tres o las cuatro de la mañana, muchas personas que meditan alrededor de Amma empiezan a quedarse dormidas. Amma tiene su propia manera exclusiva de despertarles: tirándoles un caramelo como prasād.

El segundo obstáculo es vikṣepa [agitación]. Aquí la mente no está dormida. Es justo lo contrario: no podemos concentrarnos por la agitación mental. La causa que origina la agitación mental es el deseo. Como hemos dicho antes, el deseo se produce debido a la confusión sobre el verdadero origen de la felicidad, es decir, por la idea errónea de que su origen está en los objetos sensibles en lugar de en el Ser. Para eliminar ese problema durante la meditación, Gauḍapāda recomienda que reflexionemos sobre la transitoriedad de los objetos que distraen nuestros pensamientos y en cómo al final solo nos van a llevar al dolor. El consejo de Amma es el mismo: "Cuando surjan pensamientos no deseados durante la meditación, hay que pensar: 'Oh mente, ¿proporciona algún beneficio tener estos pensamientos? ¿Tienen algún valor?' Hay que rechazar los pensamientos innecesarios pensando de ese modo. Debe surgir un completo desapasionamiento. Tiene que llegar el desapego. La convicción de que los objetos sensibles son como el veneno debe arraigarse firmemente en la mente".

El siguiente es kaṣāya. En kaṣāya, la mente no está ni dormida ni distraída por pensamientos; pero aún así no se logra una profunda absorción meditativa porque todavía hay deseos en la mente subconsciente. En ese caso el único remedio es observar la mente en ese estado y, cuando los deseos latentes salgan a la mente consciente, eliminarlos mediante el discernimiento.

El obstáculo final mencionado por Gauḍapāda es rasāsvada, que significa literalmente "saborear (*asvadana*) la dicha (*rasa*)". Cuando la mente se absorbe en el objeto de meditación elegido, se experimenta dicha y paz. Cuando eso sucede, no hay que dejar que ese efecto embriagador nos distraiga. Hay que mantener la concentración en el objeto de meditación elegido. Hay que recordar siempre la intención de nuestra práctica meditativa: pulir la mente. De hecho, la dicha que experimentamos en esos momentos es en realidad un reflejo de la dicha del Ser tal como se experimenta en el espejo de la mente. Irá y vendrá dependiendo de nuestro estado mental. "Saborear" la dicha no es nuestra meta. Al final hay que ir más allá de esto y comprender nuestra identidad como el ātma, la verdadera fuente de todas las experiencias dichosas. Como se explicará en detalle en el capítulo nueve, no se trata de una experiencia sino un cambio de comprensión. La meditación saguṇa prepara la mente para ese cambio, pero no crea realmente ese cambio por sí misma. El cambio tiene que venir por medio del conocimiento.

De hecho, Amma dice que cualquier acción, si se hace con la resolución y la actitud adecuadas, puede convertirse en una práctica espiritual siempre que se haga con conciencia. Caminar puede hacerse como una práctica espiritual, hablar puede realizarse como una práctica espiritual, y lo mismo comer o hacer las tareas domésticas. Indudablemente, si se hace con concentración y conciencia de la meta, cualquier cosa puede ayudarnos a purificar la mente.

La vida entera de Amma es una demostración de ese principio. Todo lo que hace lo hace con gran cuidado y concentración. A una mirada superficial puede no parecérselo, porque Amma es muy natural en sus acciones; pero si miramos de verdad veremos que todo lo que Amma hace —sus miradas casuales, sus sonrisas espontáneas, sus gestos juguetones, incluso sus lágrimas— se ejecuta con precisión, cuidado y concentración en un punto.

Recuerdo una interesante historia que ilustra esta verdad. En 2003, un director llamado Jan Kounen vino al āśram para hacer un documental sobre Amma. Era el año del cincuenta cumpleaños de Amma y quería filmar las masivas sesiones de darśan que tuvieron lugar en los días que rodearon la festividad. En esas ocasiones Amma puede dar darśan hasta a dos mil personas por hora. Presenciar algo así es realmente impresionante. Dos filas de personas, una viniendo desde la derecha de Amma y otra desde la izquierda. Una cinta transportadora doble de amor. Reflexionando sobre cómo filmarlo, Kounen dijo: "¡Iba rapidísimo! Al principio el ojo no lo capta. Parece simplemente algo desorganizado, como una imagen borrosa. Era demasiado rápido, así que decidí filmarla a cámara lenta. Solo entonces empecé a ver realmente: 'No, no es así. Hay una inmensa gracia y belleza. Todo se hace con sumo cuidado. Es como un ballet'". Como para demostrar la cantidad de conciencia con la que Amma opera durante esas sesiones, Amma se detiene de repente y, agarrando a una persona que viene al darśan, la regaña juguetonamente: "Eh, tú, travieso, has venido dos veces". Solo Dios sabe cómo, pero Amma se acuerda de todas y cada una de las caras, incluso entre enormes multitudes.

Dicho esto, debemos recordar que la mente de Amma ya es más que pura. No necesita perfeccionarla. Ya ha llegado a lo supremo. El carácter meditativo de sus acciones es su estado natural y solo sirve como ejemplo para inspirar al mundo a seguir sus pasos para elevarse.

Capítulo 9

Eliminar la raíz del sufrimiento

"La oscuridad no es algo que pueda eliminarse físicamente. Pero, cuando dejamos entrar la luz, la oscuridad deja de existir automáticamente. Del mismo modo, cuando se despierta el verdadero conocimiento, la oscuridad de la ignorancia desaparece. Entonces nos despertamos a la luz eterna".

—Amma

El último paso del camino hacia la liberación es el del *jñāna yoga*, el conocimiento. De hecho, todas las demás prácticas enumeradas hasta ahora —*karma yoga*, meditación *saguṇa*, cultivo de cualidades divinas, etc.— solo son preparaciones para el jñāna yoga. Como se ha dicho en capítulos anteriores, el objetivo del karma yoga es ayudarnos a reducir nuestros gustos y aversiones, los pensamientos que distraen la mente llevándola en distintas direcciones. El objetivo de la meditación saguṇa es aumentar la capacidad de concentración de la mente. En resumen, si pensamos que el viaje espiritual tiene lugar en un cohete, la meditación aumenta la potencia del motor del cohete y el karma yoga hace que la nave sea más aerodinámica. En esta metáfora solo falta una cosa: el destino.

El destino es el *ātma jñāna* —el conocimiento del Ser— . Para llegar a ese destino tenemos que realizar un viaje muy extraño. Es extraño porque solo llegamos al destino cuando hemos comprendido que ya estábamos allí desde el comienzo. Basta esa afirmación para ver qué conocimiento tan sutil es el ātma jñāna y, en consecuencia, lo importante que es la doble purificación mental mediante el karma yoga y la meditación.

Solo hay un motivo por el que las personas se acercan a la espiritualidad, y es porque no son tan felices como les gustaría ser. De hecho, como se ha dicho anteriormente, es el deseo de felicidad, o de más felicidad, o el miedo a perder la felicidad que podamos tener ahora, lo que impulsa nuestra vida entera. Conseguimos empleos porque sabemos que necesitamos dinero para cubrir al menos nuestras necesidades básicas de supervivencia como la comida, el vestido y la vivienda. Vamos al cine, escuchamos música y buscamos relaciones porque creemos que nos enriquecerán. Incluso nuestra adhesión a la moralidad, los códigos sociales y las acciones desinteresadas buscan establecer y mantener una sensación de paz y satisfacción interior. Esas cosas nos proporcionan distintos grados de felicidad temporal, pero siempre mezclada con dolor. La mayor parte de las personas del mundo siguen viviendo así, esperando que algún día encontrarán de alguna forma el arreglo perfecto con el que vivirán felices para siempre: la olla de oro que hay al final del arco iris. O simplemente se quedan "satisfechos estando insatisfechos". Llegan a entender que la vida será siempre una mezcla de subidas y de bajadas y deciden aguantar las bajadas por la alegría de las intermitentes subidas.

La mayoría de la gente está dispuesta a aceptar un noventa por ciento de dolor a cambio de solo un diez por ciento de felicidad. Lo extraño es que nunca aceptarían esa falta de eficiencia en ningún otro aspecto de la vida. ¿Podéis imaginaros conservar un coche que solo arrancara una vez cada diez días? La clave del problema está en que realmente no ven ninguna otra opción disponible.

Los maestros espirituales como Amma están aquí para hacernos saber que hay otra opción: el conocimiento del Ser, comprender nuestra verdadera naturaleza. Nos dicen que solo sabiendo quiénes somos realmente, obtendremos toda la felicidad que anhelamos en la vida. Eso es así porque la felicidad, la dicha y el gozo temporales que experimentamos satisfaciendo nuestros deseos solo brotan, en realidad, de nuestro interior. Si llegamos a identificarnos con esa fuente, nunca volveremos a conocer ni una gota de dolor.

En este mismo instante puedo adivinar con seguridad uno de los momentos más felices de tu vida. Imagínate que son las diez de la noche y te vas a acostar. Tienes que levantarte a las cinco de la mañana para llegar a tiempo al trabajo, así que pones el despertador. Pronto estás profundamente dormido. Lo siguiente que sabes es que, por alguna razón, estás despierto. La habitación está completamente oscura. No puedes ver nada y no estás seguro de qué hora es. Es posible que solo hayas dormido una hora o así. ¡O podrían ser las cinco menos un minuto! Diciendo una rápida oración, tiendes la mano hacia la mesilla de noche que hay junto a la cama y tanteas buscando el despertador. Lo encuentras, lo agarras con la mano y te lo pones delante de los ojos. Dices otra rápida oración y pulsas el botón de la luz del reloj. ¿Qué ves? Las once y media de la noche. ¡Sí! ¡Cinco horas y media más de sueño! Quizá ese sea el momento más feliz de nuestra vida.

¿A qué se debe eso? En el sueño profundo no hay comida deliciosa. No hay complejos hoteleros en la playa, ni supermodelos, ni dinero, ni fama y prestigio. Ni siquiera hay sueños. Solo la nada. Pero, de alguna manera, al despertarnos sabemos que no hay nada más dichoso. Los santos y los sabios dicen que el recuerdo de esa experiencia de sueño profundo, de no recordar nada más que la dicha, es la prueba de que toda la felicidad procede solo de nuestro interior. Solo la obstaculizan nuestros deseos. Recuerdo que alguien le preguntó una vez a Amma cómo era tener el conocimiento del Ser, y Amma dijo: "Es como experimentar la dicha del sueño profundo, solo que estás completamente despierto".

Cuando adquirimos el conocimiento del Ser llegamos a morar eternamente en esa dicha, independientemente de lo que suceda en el mundo exterior. Es, en las propias palabras de Amma, "una sensación de completa plenitud en la que no queda absolutamente nada más que conseguir en la vida, una comprensión que hace que la vida sea perfecta". Eso es lo que perseguimos como buscadores espirituales. Y solo lo alcanzaremos mediante el conocimiento: la verdadera comprensión de quiénes somos y de lo que no somos.

Conocer al conocedor

Conocer el ātma es un poco difícil, porque no es un objeto. Por eso se considera que el conocimiento del Ser es la rama de conocimiento más sutil de todas. En todo lo demás que estudiamos, estamos conociendo un objeto. Por ejemplo, en astronomía "yo", el sujeto, estudio objetos astrales. En geología, "yo", el sujeto, estudio objetos rocosos. En química, "yo" estudio sustancias químicas, etc. Pero en el conocimiento del Ser lo que se estudia es el propio sujeto. Y el sujeto nunca puede convertirse en un objeto que podamos entender con el intelecto. El observador nunca puede convertirse en lo observado. ¿Puede el ojo verse a sí mismo? ¿Saborea la lengua a la lengua? No es posible.

Para explicar esto, he oído el siguiente ejemplo. Un día hay apagón. De repente, al verse en la oscuridad, un hombre saca una linterna. La enciende y el haz de luz se proyecta hacia adelante, iluminando la habitación. La luz es tan fuerte que el hombre está realmente impresionado. "¡Caray!¡Qué rayo de luz más fuerte y potente!", se dice a sí mismo. "Las pilas de esta linterna deben de ser increíbles". Queriendo saber la marca de las pilas de la linterna, el hombre decide sacarlas e iluminarlas con la linterna. Por supuesto, en cuanto lo hace se da cuenta de su insensatez.

Así que nada de lo que hemos estudiado en el pasado es igual que esto. El ātma no es audible como la música, de modo que nuestros oídos no pueden oírlo. No es algo que tenga forma o contorno, así que nuestros ojos no sirven para revelárnoslo. Igualmente, no tiene olor, sabor o tacto. No es un objeto en absoluto. Es el sujeto. Después de todo, ātma significa literalmente "uno mismo".

Todas las demás cosas de las que sabemos algo podemos experimentarlas después. Ese es el orden usual. Por ejemplo, leemos un libro sobre Júpiter. El libro nos dice cómo encontrarlo con el telescopio y después esperamos a que caiga la oscuridad, subimos al tejado y ponemos el telescopio en la posición correcta. Entonces lo vemos y lo experimentamos. Lo mismo pasa con la música. Podemos leer en el periódico sobre alguna clase de música que nunca hemos oído. Por alguna razón nos interesa, así que, como es natural, queremos experimentarla. Entonces, ¿qué hacemos? Entramos en internet, compramos unos archivos mp3, los descargamos y los escuchamos. Ese es el orden del conocimiento objetivo: primero nos informamos sobre ello y después lo experimentamos.

Pero el conocimiento del Ser, el conocimiento subjetivo, no es así en absoluto. Porque, después de todo, el centro del conocimiento eres *tú*, tu propio ser. Imagínate leer algo sobre los seres humanos en el periódico y después pensar: "¡Caramba, estos humanos parecen realmente interesantes! ¡Sin duda me encantaría conocer a uno!", y después salir a buscar a uno. Es una idea ridícula, ¿verdad? Así que con el conocimiento del Ser estamos aprendiendo sobre algo que ya estamos "experimentando"[1], algo que estás "experimentando" justo aquí y ahora, mientras lees esta frase: a ti mismo.

¿Cómo puedes dejar de "experimentarlo" alguna vez? Así que nuestro problema no es "experimentar", sino un problema de comprensión, de reconocimiento, de conocimiento.

Voy a poner un ejemplo. Estoy seguro de que la mayoría de vosotros conocéis las películas de *La guerra de las galaxias*. Son famosas en todo el mundo, incluyendo la India. Para ser sincero, no las he visto, pero un devoto muy aficionado me contó el siguiente

---

[1] Técnicamente, "experimentar" no es la palabra adecuada porque "experimentar" indica que un objeto está siendo experimentado; sin embargo, Amma y otros mahātmas utilizan a menudo esta palabra debido a las limitaciones del lenguaje.

episodio. En la segunda parte, *El Imperio contraataca*, hay una escena en la que el personaje principal, Luke Skywalker, está buscando a su *guru*, Yoda. Para estudiar con él, Luke ha viajado a un planeta lejano. El problema es que Luke nunca ha visto a Yoda. Ni siquiera sabe cómo es. Después de aterrizar en el extraño planeta, se encuentra con un pequeño ser verde, raro y pesado, con grandes orejas. Luke está impaciente por encontrar a su guru y convertirse en su discípulo; pero el pequeño ser verde sigue dándole la lata, retrasándolo e irritándolo en general. Por fin, Luke se siente tan frustrado que se pone a gritar, a tirar cosas y a maldecir su destino. Es en ese momento cuando el pequeño ser verde revela que es el mismo Yoda que Luke está buscando. De modo que a Luke no le faltaba "la experiencia de Yoda". Lo que le faltaba era "el conocimiento de Yoda". Lo mismo sucede con nosotros y el ātma. Estamos "experimentando" el ātma ahora mismo. Siempre hemos sido y siempre seremos. Solo necesitamos que alguien nos presente. Ese es el papel del guru. El guru sostiene el espejo de las enseñanzas espirituales para que podamos ver nuestra propia cara. De esa forma, nos presenta a nuestro propio Ser.

El problema es que, aunque ahora estemos "experimentando" el Ser, también estamos experimentando muchas otras cosas: el mundo interior y exterior. Además de eso, no dejamos de confundir las cosas que suceden en el mundo interior —nuestras emociones, recuerdos, pensamientos y ego— con el Ser. Es una distinción tan sutil que solo con la ayuda del guru y las escrituras que tratan sobre el conocimiento del Ser podemos esperar separarlos. Amma utiliza a menudo el ejemplo de un montón de azúcar mezclado con arena. Dice que para un ser humano separarlo manualmente sería sumamente difícil y largo, casi imposible. Sin embargo, una hormiga puede hacerlo fácilmente. Aquí, el hombre representa a una persona con un intelecto torpe y sin educar; la hormiga representa a alguien que ha educado su intelecto mediante prácticas espirituales y estudio vedántico con la ayuda de un maestro vivo. Amma llama a una mente así *viveka buddhi*, intelecto discernidor.

Para separar el azúcar de la arena, por así decir, las escrituras nos proporcionan muchos métodos sistemáticos. Esos métodos son sumamente lógicos y satisfactorios intelectualmente. Entre ellos se encuentran el *pañca-kośa viveka* o discernimiento entre las cinco capas del personaje humano; *śarīra-traya viveka*, discernimiento entre los tres cuerpos; *avastha-traya viveka*, discernimiento entre los tres estados mentales; y *dṛg-dṛśya viveka*, discernimiento entre el perceptor y o percibido. Todos ellos son métodos distintos de Autoanálisis. Podemos utilizar un término general para referirnos a todos ellos, que es *ātma-anātma viveka*: discernimiento entre el ātma y el anātma, discernimiento entre el Verdadero Ser y lo que no es el verdadero Ser.

Mediante esos métodos, llegamos a darnos cuenta de que en realidad no somos todas las cosas que pensábamos que éramos: el cuerpo, la mente emocional y el intelecto. La naturaleza esencial de una cosa son sus características que nunca cambian. Por ejemplo, los científicos definen la naturaleza esencial del agua como H_2O, una molécula que tiene dos partes de hidrógeno y una parte de oxígeno. Si se cambia la fórmula, aunque solo sea un poco —por ejemplo, H_3O o HO_2—, ya no es agua. ¿Pero tiene el H_2O que ser un líquido? No, puede congelarse y sigue siendo agua. También puede estar en forma de vapor. Puede adoptar cualquier forma: si se la vierte en una copa ancha o en un vaso largo o incluso si se la congela con forma de elefante y se la pone como decoración en un gran buffet. Ninguna de esas modificaciones cambia su naturaleza esencial de H_2O. Sigue siendo agua. Si se la lleva a la India, España, Japón o Inglaterra… no hay ningún problema. Llámala *pāni*, agua, *mizu*, *water* o incluso crea tu propia palabra para nombrarla. Mientras sea H_2O, es lo mismo.

Si nos fijamos en el cuerpo, la mente y el intelecto, vemos que siempre están cambiando. Nuestra altura y nuestro peso siempre están fluctuando. Podemos incluso ir a la guerra y volver sin un miembro. Nuestro coeficiente intelectual cambia. También nuestros gustos y aversiones. La comida que odiábamos de niños, hoy nos entusiasma. Podemos amar a alguien un momento y odiarle al siguiente. Nuestras convicciones intelectuales sobre cosas como religión, política, lo correcto y lo erróneo... todo cambia. Nuestros trabajos cambian, los lugares en los que vivimos cambian... En el mundo actual incluso se puede cambiar de género. Eso significa que el cuerpo, las emociones y el intelecto son todos ellos aspectos superficiales de nuestro ser. No son la esencia que no cambia: el ātma.

Preguntadle a alguien quién es y solo dará descripciones de su cuerpo. Quizá diga cosas como: "soy un hombre", "tengo cincuenta y seis años", "soy el hijo de fulano", "trabajo en esa o aquella fábrica". Si examinamos todas esas afirmaciones, solo hay una cosa que nunca cambia: "el yo". El "yo" es constante. Y las escrituras nos dicen que, si profundizamos en ese "yo", veremos que en su centro está nuestra verdadera naturaleza. Como dice Amma: "Ese principio sin nombre, sin forma y omnipresente, común a todo como el "yo" es el ātma, Brahman o Dios".

La naturaleza de la conciencia

Al ātma se le aplican muchos nombres: *brahman*, *puruṣa*, *paramātma*, *prajña*, *caitanyam*, *nirguṇa īśvara*...; pero como dicen los propios Vedas: *ekaṁ sat viprāḥ bahudhā vadanti*, "la Verdad es una; los sabios la llaman de distintas maneras"[2]. Y todas esas palabras que hemos enumerado significan en esencia "la conciencia pura". La conciencia es nuestra verdadera naturaleza. Sabemos por las escrituras que la conciencia no es algo relacionado con el cuerpo o la mente o producido por el cuerpo o la mente, aunque los llena, los ilumina y les da vida. Su naturaleza en el cuerpo es la de un testigo, que presencia todos nuestros

[2] Ṛg Veda, 1.164.46

pensamientos, sentimientos, emociones, así como su ausencia. Por eso las escrituras dicen:

> *yanmanasā na manute yenāhurmano matam* |
> *tadeva brahma tvaṁ vidhi nedaṁ yadidam-upāsate* ||

> "Eso que la mente no puede aprehender, pero por lo cual, dicen, la mente es aprehendida. Sabe que solo eso es Brahman y no lo que la gente adora aquí".
>
> Kena Upaniṣad, 1.6

De hecho, la conciencia no está limitada por los límites del cuerpo. Solo lo parece porque la conciencia, al ser tan sutil, solo se percibe cuando tiene un medio reflectante, como el cuerpo o la mente. Para explicar ese fenómeno se usa a menudo el ejemplo de la luz[3]. Solo podemos "ver" la luz cuando rebota en algo: una pared, una cara, una mano, etc. Por eso el espacio exterior, donde no hay objetos en los que la luz pueda reflejarse, aparece negro, es decir, desprovisto de luz. Sin embargo, indudablemente allí hay luz. Los rayos del sol que iluminan la vida sobre la tierra deben pasar por el espacio exterior para llegar aquí; pero como no hay ningún medio reflectante, no podemos verlos. Lo mismo pasa con la conciencia. Como hemos dicho antes, la propia conciencia no puede ser nunca un objeto de nuestra percepción. Solo podemos percibirla cuando se refleja en algún medio, como el cuerpo y la mente.

También se dice que la conciencia es eterna, sin principio ni fin. De hecho, es lo único eterno. Y, como no está intrínsecamente relacionada con el cuerpo, por supuesto sigue existiendo después de la muerte del cuerpo. ¿Por qué parece entonces que al cuerpo le falta la conciencia cuando fallece? Una vez más, porque ya no hay un medio adecuado para reflejar la conciencia.

---

[3] En toda la India se usa la luz para simbolizar la conciencia, porque ambas iluminan lo que de otro modo permanece oculto.

Eso no significa que la conciencia ya no esté allí. Para explicarlo, Amma pone a menudo el ejemplo de un ventilador de techo. Dice: "El que una bombilla se funda o un ventilador deje de girar no significa que no haya electricidad. Cuando dejamos de darnos aire con un abanico, la corriente de aire se detiene, pero eso no significa que no haya aire. O cuando un globo se revienta no significa que el aire que había en el globo deje de existir. Sigue ahí. Del mismo modo, la conciencia está en todas partes. Dios está en todas partes. La muerte no sucede porque falte el Ser, sino por la destrucción del instrumento llamado el cuerpo. En el momento de la muerte, el cuerpo deja de manifestar la conciencia del Ser. De modo que la muerte señala la descomposición del instrumento y no ninguna imperfección del Ser".

La conciencia debe seguir llenando el cuerpo después de su muerte porque las escrituras dicen que aquella es omnipresente. La verdad es que no somos un cuerpo humano dotado de conciencia, sino una conciencia dotada de un cuerpo humano.

Para explicar esto, las escrituras utilizan a menudo el ejemplo del espacio total frente al "espacio que hay dentro de un jarro". El espacio llena el cosmos entero; pero, si tomamos un jarro de arcilla, de repente empezamos a referirnos al espacio que hay dentro del jarro como algo separado: "el espacio que hay dentro del jarro". En realidad, el término carece de significado. Es el jarro el que está en el espacio, no el espacio el que está dentro del jarro. Para probarlo basta con estrellar el jarro contra el suelo. ¿Dónde está entonces "el espacio que estaba dentro del jarro"? ¿Puedes siquiera decir que realmente "se fundió" con el espacio total? No, desde el principio siempre hubo tan solo un único espacio. Lo mismo sucede con la conciencia. Es omnipresente. Ahora la experimentamos como si estuviera relacionada con nuestros pequeños cuerpos, pero esa no es la realidad última.

La ciencia ha pensado tradicionalmente que la conciencia es un producto de la materia. Cree que un ser consciente surge cuando el oxígeno fluye por la sangre y acelera el complejo y misterioso sistema conocido como cerebro. A esto le sigue el miedo de que, cuando el oxígeno deje de fluir por la sangre y el cerebro petardee hasta detenerse, las luces se apaguen y el ser consciente desaparezca para siempre. Pero los santos y los sabios siempre han dicho justo lo contrario: no es que la conciencia sea un producto de la materia, sino que la materia es un producto de la conciencia. Para decirlo de otra manera: la materia no es el substrato de la conciencia; *la conciencia es el substrato de la materia*. Y con la llegada de la física cuántica, algunos científicos están empezando a investigar esa afirmación. Uno de esos científicos, un físico teórico nuclear llamado el Dr. Amit Goswami, que trabaja en la Universidad de Oregón, en Estados Unidos, ha publicado estudios en los que afirma: "Todas las paradojas de la física cuántica pueden resolverse si aceptamos que la conciencia es el fundamento del ser".

Eso nos lleva a nuestro siguiente punto. Si la conciencia es omnipresente como el espacio, entonces, ¿no es la conciencia de mis pensamientos y sentimientos la misma conciencia de los pensamientos y los sentimientos de todos los demás seres del universo? Y, si existe algo semejante a Dios —el que crea, sostiene y destruye el universo—, ¿no serían mi conciencia y la suya la misma? Y, finalmente, lo último: en realidad la conciencia no solo llena el universo, sino que en realidad es el universo. Es decir, que la propia conciencia es el material de construcción último, por así decirlo, del cosmos. Estos son algunos de los principios más importantes del Vedānta que, igual que todos los demás princios, exigen tiempo, esfuerzo y estudio prolongado para aprenderlos y asimilarlos adecuadamente.

Las tres fases del estudio vedāntico

El estudio del conocimiento del Ser se divide en tres etapas. Son *śravaṇa*, *manana* y *nididhyāsana*: escuchar la enseñanza, aclarar las dudas sobre la enseñanza y asimilar la enseñanza, respectivamente.

Śravaṇa

Śravaṇa significa literalmente "oír". Así que la primera etapa es oír el conocimiento espiritual. No dice "leer". ¿Por qué oír y no leer? Porque para oír hace falta un guru vivo. Y las propias escrituras dicen que un guru vivo es imprescindible para el que está interesado en el conocimiento del Ser. El estudio adecuado de las escrituras tiene lugar de forma sistemática, empezando por las definiciones de todos los distintos términos y acabando en la verdad última de *jīvātma-paramātma aikyam*, la enseñanza de que la conciencia que es la esencia del individuo y la conciencia que es la esencia de Dios (o del universo) son la misma. ¿Tiene un estudiante la menor posibilidad de éxito si empieza a estudiar matemáticas por el cálculo? Lo mismo pasa con el Vedānta. Hay que empezar por el principio y avanzar desde allí.

Solo un guru vivo es capaz de evaluar el nivel de cada estudiante y lo bien que comprende cada idea. No solo interactúa con ellos durante sus charlas, sino también antes y después, ya que los discípulos residen tradicionalmente con el guru en su *āśram*. De esa forma puede evaluar cuáles son sus puntos fuertes y débiles y hablarles en consecuencia.

Como se ha dicho antes, el conocimiento del Ser es la más sutil de todas las ramas del conocimiento. "Más sutil que lo más sutil", dicen las escrituras. Por eso, el estudio tiene que convertirse en una parte regular de la vida diaria. No se puede hablar del período exacto de tiempo que hay que estudiar, porque hay niveles distintos de estudiantes, pero muy a menudo la gente estudia Vedānta con un profesor durante docenas de años, e incluso más. Las escrituras y enseñanzas del guru tienen que convertirse en el tejido mismo de nuestra vida.

Amma dice que śravaṇa no es escuchar despreocupadamente. Es una escucha total e íntegra en la que se participa con todo el corazón, con todo el ser. Es una escucha en la que la mente del discípulo se identifica completamente con la mente del guru. Cuando eso sucede, los pensamientos del guru se producen literalmente en la mente del discípulo mientras aquel habla. ¿No es esta la esencia de la comunicación?

Normalmente se dice que para ser guru antes se tiene que haber sido discípulo. Eso es así porque el conocimiento del Ser se produce escuchando a un guru vivo. ¿Y de dónde recibió ese guru su conocimiento? Escuchando a *su* guru. ¿Y dónde recibió ese guru su conocimiento? De *su* guru. Esos linajes —o *paramparas*— de maestros y discípulos se remontan a cientos o incluso miles de años. De hecho, se dice que todos los verdaderos paramparas empiezan en el propio Dios, porque al comienzo de cada ciclo de la creación Dios es quien sirve como el primer guru, revelando las enseñanzas bajo la forma de los Vedas.

Pero con Amma tenemos una excepción. Amma no tuvo ningún guru. A pesar de ello, el hecho es que Amma reúne todos los requisitos necesarios para llevar a alguien a la liberación. En primer lugar, Amma es una *brahma niṣṭha*, una persona que ha asimilado plenamente y vive permanentemente en la realidad última de sí misma y del universo. En segundo lugar, pese a no haber sido educada nunca por un guru, Amma puede explicar claramente hasta las verdades espirituales más sutiles. Amma nunca ha estudiado la Bhagavad-Gīta o las upaniṣads, pero expresa exactamente las mismas ideas que se encuentran en esos textos sagrados con la mayor claridad y perspicacia. Así que está claro que Amma es una excepción a la regla.

Pero, por otra parte, no debemos suponer que nosotros también seremos una excepción. Las excepciones son muy infrecuentes. Cuando una vez se le preguntó por ello, Amma dijo: "Una persona con un don innato para la música puede ser capaz de cantar todos los *rāgas* [escalas modales] tradicionales sin ninguna formación especial. Pero imaginaos que todos los demás empezaran a cantar rāgas sin formación. De modo que Amma no dice que un guru no sea necesario; solo que a unos cuantos individuos excepcionales dotados de un grado inusual de conciencia y atención no les hace falta un guru exterior".

Una planta puede echar raíces milagrosamente en una roca seca, pero un granjero sería tonto si plantara intencionadamente semillas allí.

Manana

La siguiente etapa para lograr el verdadero conocimiento es manana, aclarar nuestras dudas. Un maestro vivo es el único apoyo exterior para un buscador que se encuentre en esta etapa. A un libro no podemos hacerle preguntas. Si examináis las escrituras, veréis que casi todas están en forma de preguntas y respuestas entre un guru y un discípulo. En manana nos aseguramos de que no quede ni un minúsculo aspecto de lo que hayamos aprendido durante śravaṇa que no comprendamos y aceptemos. El objetivo de manana es que nuestra comprensión llegue a ser perfecta. De hecho, el estudiante debe reflexionar constantemente sobre lo que el guru le ha dicho, pensando una y otra vez sobre ello. ¿Tiene sentido todo esto? Si no lo tiene, tiene que pedirle al guru que se lo explique otra vez. No solo se anima a hacer preguntas, sino que se las considera imprescindibles. De hecho, el discípulo debe comprobar constantemente en su vida las verdades afirmadas por el guru, intentando ver si hay puntos débiles en ellas. Su vida debe convertirse en un experimento de la ciencia eterna en el que cada vez que emprenda una acción compruebe si los principios que le han enseñando son ciertos. Porque solo cuando estemos totalmente seguros de que las enseñanzas son sólidas podremos esperar entrar en la siguiente etapa, nidhidhyāsana o asimilación,.

Sin embargo, el discípulo también debe tener *śraddha*, fe y confianza en el guru y sus enseñanzas. Nuestras comprobaciones deben nacer de la actitud de que la enseñanza tiene una fuente divina y, por tanto, es perfecta. Nuestras preguntas son enteramente aceptables; pero hay que comprender que se deben a nuestra propia confusión, no a un error de la enseñanza. Nuestras preguntas deben salir del deseo de aprender, de entender más claramente, no de refutar la lógica del guru o las escrituras. El discípulo debe comprender que el guru es infinitamente más sabio que él y que, si hay confusión, el problema se halla en él. Desgraciadamente, muchos de nosotros no somos así.

Un ingeniero de apoyo de tecnología de la información decidió entrar en el ejército. El primer fin de semana lo llevaron al campo de tiro y le entregaron un rifle cargado. Se le dijo que disparara diez veces a la diana situada al fondo del campo de tiro.

Después de disparar varias veces, llegaron noticias del otro extremo del campo de tiro de que ninguno de los disparos había dado en la diana. Entonces, el ingeniero de apoyo miró el rifle, miró la diana, miró de nuevo el rifle y de nuevo la diana. Después metió el dedo en el cañón y apretó el gatillo. Por supuesto, se voló el dedo con el disparo. Tras maldecir, les gritó a los del otro extremo del campo de tiro: "Pues la bala sale bien aquí, así que el problema debe estar en vuestro lado".

A menudo nuestra lógica es así de defectuosa. Le atribuimos erróneamente nuestras debilidades, falta de conciencia y de comprensión al guru, sus enseñanzas y las prácticas espirituales que nos ha dicho que realicemos. Cuando eso sucede, los únicos que sufrimos somos nosotros.

Como se dijo en el capítulo siete, Amma insiste en que adoptemos la actitud de principiante. Esa actitud es muy importante cuando se trata de hacerle preguntas al guru. Hay que ir a aclarar nuestras dudas, no con actitud de polemista sino con la actitud de un niño. Solo con una actitud así seremos capaces de oír lo que el guru está diciendo e interiorizarlo. El que acude para debatir no estará realmente escuchando cuando el guru hable. Estará ocupado formulando su réplica. La mente solo puede hacer las cosas de una en una. Si estamos ocupados calculando nuestros contraargumentos, ¿cómo podremos interiorizar lo que se diga en ese momento?

Cuando estudiemos Vedānta adecuadamente, primero eliminaremos las dudas que nos surjan. Pero entonces el guru a menudo también nos hará preguntas, preguntas en las que podemos no haber pensado nunca antes. Incluso puede adoptar los argumentos de otras filosofías para hacer de abogado del diablo. Todo eso para asegurarse de que nuestra comprensión de la enseñanza sea firme e inquebrantable. Como se dijo antes, solo acabamos con manana cuando cada una de nuestras dudas y faltas de claridad sobre el ātma hayan sido erradicadas. Solo entonces estaremos listos para nididhyāsana, la asimilación de lo que hemos aprendido.

Nidhidhyāsana

Nidhidhyāsana es uno de los aspectos peor entendidos del camino espiritual. Nidhidhyāsana significa asimilar plenamente lo que hemos aprendido y vivir en consecuencia. Pongamos el ejemplo de aprender un idioma extranjero, digamos, el Malayāḷam. En clase, el profesor dice: "Bueno, clase, la primera lección de hoy es la palabra '*pustakam*'. Pustakam significa 'libro'". Simplemente escuchar al profesor decir esta frase es śravaṇam. Corregir cualquier duda sobre cómo se pronuncia la palabra o como se utiliza en una frase sería mananam. Pero nidhidhyāsanam es instalar ese conocimiento en la mente tan firmemente que, en el momento en que oiga a alguien decir la palabra "pustakam", piense inmediatamente en un libro. Igualmente, cada vez que veo un libro pienso inmediatamente en la palabra "pustakam". Asimismo, si alguien me da un libro y dice "*pazham*" [plátano] o me da un plátano y dice "pustakam" debería darme cuenta inmediatamente que se ha equivocado. Solo cuando esto suceda podremos decir que el conocimiento se ha asimilado plenamente.

En el conocimiento del Ser estamos estudiando la naturaleza de nuestro propio Ser, el ātma. Como hemos explicado más arriba en este capítulo, las escrituras nos dicen que nuestra verdadera naturaleza es la conciencia eterna y que la conciencia es la fuente de toda dicha. Además, la conciencia que hay en mí es la misma conciencia de todos los seres, desde una diminuta hormiga hasta el propio Dios. Y, en última instancia, que la conciencia es de hecho el substrato del universo entero. Si hubiéramos asimilado esto, cuando pensáramos en nuestro ser no deberíamos pensar "cuerpo, mente, intelecto", sino "conciencia". Cuando interactuáramos con los demás, no deberíamos pensar que están separados sino que son uno con nosotros, sabiendo que la conciencia que hay en nosotros y la conciencia que hay en ellos es la misma. Cuando miráramos el mundo que nos rodea, aunque siguiéramos viendo árboles, ríos, edificios, animales, coches, montañas, etc., siempre recordaríamos que, en esencia, son solo conciencia. Eso se reflejaría en nuestros pensamientos, palabras y acciones.

Una vez, un guru y sus discípulos viajaban a pie. En total había unos cuarenta discípulos y todos ellos iban vestidos como el guru, con vestiduras y chales blancos. El guru iba con la cabeza y la cara afeitadas, y también los discípulos. En apariencia, no había absolutamente ninguna forma de distinguir al maestro de sus alumnos.

Pocas horas antes de la puesta de sol el grupo se detuvo para relajarse. Pronto, el guru y sus cuarenta discípulos estaban sentados juntos disfrutando de una taza de té. En ese momento un viajero solitario apareció en la carretera. Cuando llegó al lugar donde el guru y sus discípulos estaban detenidos, se detuvo un instante y los miró. Después, de repente, se acercó al guru y se postró ante él. Mientras estaba a los pies del guru, este se inclinó y lo bendijo tocándolo con la mano. Entonces el hombre se levantó, se despidió y continuó su viaje.

Viendo esa interacción, un discípulo tuvo inmediatamente una duda. "Todos vamos vestidos igual. Todos tenemos la cabeza y la cara afeitadas. Y cuando ese hombre se nos acercó, ninguno de nosotros estaba mostrando ningún signo externo de veneración a nuestro guru. ¿Cómo pudo ese hombre distinguirlo del resto de nosotros?" Pensando en esa pregunta, dejó su vaso de té y salió corriendo detrás del viajero.

Cuando el joven monje alcanzó al viajero, le expresó su duda. El viajero sonrió y le respondió: "Cuando os vi, supe que todos erais monjes; pero la verdad es que no sabía quién era el guru. Entonces observé la manera en la que todos vosotros estabais tomando el té. Para cuarenta de vosotros, en ello no había nada especial: solo un grupo de hombres disfrutando de una taza de té. Pero cuando mi mirada se posó sobre vuestro guru, era como si estuviera viendo algo completamente diferente. De hecho, la forma en la que sujetaba la taza me recordó la forma en la que las madres sujetan a su hijo. Era como si no pudiera haber ningún objeto más querido para él en el universo entero. Era como si no estuviera sosteniendo en absoluto un objeto insensible, sino al propio Dios encarnado en una taza de metal. Al ver esto para mí fue infinitamente evidente que él era el maestro, así que fui directamente hacia él y le ofrecí mis postraciones".

La asimilación del conocimiento del Ser nos transforma radicalmente; porque si vemos a los demás como uno con nosotros, ¿con quién nos vamos a enfadar? ¿A quién vamos a tener envidia? ¿De quién podremos tener miedo? ¿A quién vamos a odiar o temer?

Como se dice en las escrituras:

yastu sarvāṇi bhūtānyātmanyevānupaśyati |
sarva-bhūteṣu cātāmānaṁ tato na vijugupsate ||

"El que ve a todos los seres en el propio Ser y al Ser en todos los seres, no siente odio en virtud de ese (conocimiento)".

Īśā Upaniṣad, 6

Como comenta Śaṅkarācārya: "Esto solo es la reafirmación de un hecho conocido. Porque la experiencia demuestra que solo siente repugnancia el que ve algo como malo y diferente de sí mismo. Pero para el que solo ve el Ser absolutamente puro como una entidad continua, no hay otro objeto que pueda causar repugnancia. Por eso, no odia".

Del mismo modo, si sabemos que nuestra naturaleza es eterna, ¿cómo podemos temer la muerte? Además, si sabemos que somos la fuente de toda dicha, ¿por qué vamos a perseguir nunca los distintos placeres sensibles que el mundo nos puede ofrecer? Estaremos completos y satisfechos con las cosas como son. Todavía recibiremos lo que sea necesario para mantener el cuerpo —alimento, agua, refugio, etc.—, pero no saldremos al mundo buscando ninguna fuente de placer, seguridad, felicidad o paz. Estaremos, como dice Kṛṣṇa en la Gīta, *ātmānyevātmanā tuṣṭaḥ*, satisfechos en el Ser por el Ser[4].

Por distintas razones muchas personas creen que el *nidhidhyāsana* [la asimilación de la verdad] es algo que ha de realizarse encerrado y meditando veinticuatro horas al día, quizás en alguna cueva del Himalaya; pero no es así. Es cierto que podemos realizar nidhidhyāsana meditando sentados y con los ojos cerrados, pero también podemos hacerlo a lo largo de toda nuestra vida: mientras trabajamos, pasando tiempo con la familia, cuando nos relacionamos con nuestros amigos, mientras comemos, caminamos y hablamos. De hecho, no solo es que podamos, sino que debemos hacerlo. Eso es lo que significa cuando las escrituras nos dicen que "meditemos constantemente". Como se dijo en el capítulo ocho, en cierto modo la recomendación de Amma de que tratemos de recitar nuestro mantra "con cada respiración" está preparando la mente para ese nidhidhyāsana final y constante.

En nidhidhyāsana, estamos pensando concentradamente en la enseñanza, instalándonos en ella. Así que, sin duda, se pueden

---

[4] Bhagavad-Gìta, 2.55

cerrar los ojos, entrar en un marco mental meditativo y afirmar las verdades espirituales y sus ramificaciones. Lo importante no son las palabras concretas sino la concentración en un determinado aspecto de la enseñanza vedántica y constantemente volver más profundo su surco mental. En último término es afirmar e instalarnos en lo que realmente somos — la conciencia omnipresente, eterna y dichosa— y rechazar lo que no somos —la mente y el cuerpo finitos, mortales y asolados por el dolor—. El proceso de nidhidhyāsana solo se completa cuando se ha producido un cambio total de identificación: uno se deja de considerar un cuerpo, una mente y un intelecto dotados de conciencia para considerarse una conciencia que ahora está, por casualidad, "dotada de" un cuerpo y una mente. Esa compresión debe llegar a saturar nuestra mente subconsciente.

Mientras interactuamos en el mundo, podemos seguir pensando de ese modo. Se vuelve como el tema musical de nuestra vida, como una canción que siempre nos estuviera sonando en la cabeza. Recuerdo que una vez hace muchos años alguien le preguntó a Amma cómo era posible recordar a Dios mientras realizamos acciones. En ese momento estábamos cerca de la ría y Amma señaló a un hombre que iba en una pequeña canoa rural llevando unos patos río abajo.

Amma dijo: "Es un bote muy pequeño. Sin embargo, de pie en ese botecito, el barquero mantiene el bote en equilibrio, rema con un largo remo y lleva los patos por la ría, todo a la vez. Haciendo ruido al golpear el agua con el remo, hará que los patos vuelvan a su rumbo si empiezan a desviarse. De vez en cuando se fumará un cigarrillo. Cuando haga falta usará los pies para sacar el agua que haya entrado en el bote. Otras veces hablará con la gente que está en la orilla. Aunque esté haciendo todas esas cosas, tendrá la mente siempre en el bote. Si su atención titubea tan solo por un momento, perderá el equilibrio, el bote volcará y se caerá al agua. Hijos, hay que vivir así en este mundo. Hagamos el trabajo que hagamos, la mente debe estar centrada en Dios. Eso es posible fácilmente con la práctica".

De hecho, cuando nos relacionamos con el mundo podemos utilizar los retos de la vida cotidiana para despertar en nuestro interior las verdades vedánticas. Recordad: si hemos asimilado plenamente la enseñanza, nunca tendremos una respuesta no vedántica ante ninguna situación de la vida. Siempre hay que actuar según la verdad expresada por las escrituras sobre nuestra naturaleza divina, la naturaleza divina de las demás personas y la naturaleza divina del mundo. Amma pone a menudo el ejemplo de que alguien se enfada con nosotros y quizá nos caiga un chaparrón de palabras ofensivas. En lugar de reaccionar y enfadarse, el que practica nidhidhyāsana pensará para sí mismo: "si el 'yo' que hay en mí es el mismo que el 'yo' que hay en él, ¿con quién voy a enfadarme? En cualquier caso, sus palabras no afectan a mi verdadera naturaleza como ātma". Si por alguna razón empezamos a sentirnos solos, debemos pensar: "Si toda la felicidad reside en realidad en el interior, ¿cómo puedo sentirme deprimido y solo?"

Siempre que tengamos cualquier respuesta mental negativa, debemos contrarrestarla y destruirla con las enseñanzas vedánticas que hemos aprendido. Eso es practicar nidhidhyāsanam en la vida cotidiana. Si se asimila de verdad, aunque nos den un mal diagnóstico en la consulta del médico, no nos asustaremos o deprimiremos. Por el contrario, obtendremos fuerza y valor de la verdad de que "este cuerpo no es más que una prenda de vestir. Igual que me lo he puesto, ahora está llegando el momento de quitármelo. Yo no soy el cuerpo. ¡Soy eterno! ¡Soy dicha! ¡Soy conciencia!"

En el capítulo cinco hemos hablado de varias actitudes de karma-yoga que pueden aplicarse al realizar acciones. Una de las actitudes propuestas por Amma es la de vernos como el instrumento de la acción, no como el que realiza la acción o como el que disfruta de los resultados de la acción. De hecho, cuando se llega a la etapa de la vida espiritual del nidhidhyāsana, esa actitud puede seguir utilizándose al realizar acciones. En nidhidhyāsana, aunque estemos realizando acciones, recordamos que, en realidad, no somos el cuerpo, las emociones o el intelecto, sino la conciencia pura. De ese modo, cuando actuamos empleamos el mismo pensamiento con una ligera modificación. Vemos el cuerpo y la mente como instrumentos inertes que interactúan con el mundo según el flujo de la energía cósmica (es decir, "en las manos del Señor"); pero nosotros mismos no somos el cuerpo, la mente ni la energía cósmica, sino la conciencia pura que presencia todos esos fenómenos.

De esa forma, nuestra vida entera se vuelve una especie de examen. Cada vez que respondemos de una manera que está en armonía con el Vedānta, estamos aprobando. Cada vez que no lo hacemos, es un recordatorio de que hace falta más asimilación. Al hablar de responder en armonía con el Vedānta, no solo nos referimos al nivel físico y verbal. Son importantes; pero más importante es el nivel mental. Cuando alguien nos insulta, podemos ser capaces de sonreír exteriormente; pero, ¿cuál es la reacción de nuestra mente?

Hace dos años le fue diagnosticado un cáncer terminal a un residente muy antiguo del āśram. Tenía setenta y nueve años y llevaba viviendo en Amṛtapuri desde 1987. Su diagnóstico nos sorprendió a todos. Cuando llegó, el pronóstico era claro: le quedaban unos dos meses de vida. Se trasladó a una habitación del pequeño hospital benéfico Amṛta Kṛpa de Amṛtapuri para pasar sus últimos meses, un tiempo durante el cual cientos de devotos y residentes del āśram le hicieron breves visitas para despedirse. Lo que veían en la habitación del hospital era un brillante ejemplo de Vedānta: un hombre alegre y dichoso que decía que su único deseo era nacer de nuevo sin demora para ayudar a Amma y su misión benéfica. No le preocupaba en absoluto su cuerpo o su enfermedad. Al contrario, decía: "Esta enfermedad está siendo la oportunidad ideal para practicar todas las enseñanzas de Amma". Y así es como pasó sus últimos meses, recibiendo felizmente a todos y reflexionando constantemente sobre la verdad suprema de que él no era en absoluto el cuerpo.

Sobre esto, Amma dice que la propia vida sirve a menudo de guru; pero, aunque la vida pueda ponernos a prueba naturalmente, la propia Amma también nos tirará personalmente alguna "bola curva" de vez en cuando solo para ver lo a punto que estamos. Recuerdo que una vez había una occidental a la que Amma había dado un nombre espiritual[5]. La principal práctica espiritual de esa persona estaba en la línea de lo que hemos estado comentando. El nombre que Amma le había dado también era muy vedántico, ya que designaba la verdadera naturaleza del Ser. Digamos para este libro que el nombre era "Sarva-vyāpini", que significa "la Omnipresente". Después, otro día, Amma decidió llamar "Sarva-vyāpini" a otra devota. Cuando la Sarva-vyāpini "original" se enteró se puso como loca. Acudió a Amma enfadadísima y entre lágrimas le dijo: "Cuando Amma me dio ese nombre, fue como si se hubiera casado conmigo. Y al dárselo a alguien más es como si ahora hubiera pedido el divorcio". Cuando Amma oyó eso, no pudo evitar echarse a reír. Después, les explicó a todos los devotos que estaban a su alrededor que esa chica estaba practicando la indagación del Ser, con la cual se supone que deberíamos entender que la verdadera naturaleza del Ser es omnipresente, y que esto significa que el "yo" que hay en mi es el mismo "yo" que está en ti. Sin embargo, cuando Amma le puso a otra persona el nombre de "Omnipresente", se enfadó. ¿Cómo puede haber dos "omnipresentes"? Imposible. Era evidente que hacía falta más asimilación.

En la asimilación completa no debe haber distancia alguna entre nuestro conocimiento de quiénes somos y nuestros pensamientos, palabras y acciones. Si volvemos al ejemplo de aprender una lengua extranjera, podemos decir que solo se domina un idioma cuando se habla con fluidez con todos sin excepción y las palabras salen de la boca sin esfuerzo. Esa persona no necesita

[5] Si se lo piden, Amma da a menudo a los occidentales nombres sánscritos de naturaleza espiritual.

pararse a hojear la guía de conversación. Antes de hablar, no hay una formulación mental de la frase primero en su lengua materna y después una traducción mental al nuevo idioma. Es un flujo continuo y sin esfuerzo. Así debe llegar a ser con el conocimiento del Ser. De hecho, cuando se domina verdaderamente un idioma —y llega a sustituir la lengua materna—, incluso se sueña en esa lengua. Igualmente, nidhidhyāsana debe culminar en una conciencia de nuestra verdadera naturaleza que se mantenga no solo cuando estemos despiertos sino también al soñar. Debería mantenerse incluso durante el sueño profundo. Amma dice que esa es su experiencia: incluso cuando duerme, simplemente presencia su mente durmiendo.

Cómo determinar nuestro progreso

Amma dice que hay solo dos formas de determinar nuestro progreso espiritual: la capacidad de mantener la ecuanimidad mental en situaciones que constituyen un desafío y la cantidad de compasión que brota de nuestro corazón ante el sufrimiento ajeno. Esos son los resultados directos de asimilar las dos enseñanzas vedánticas centrales: la primera es la comprensión de que nuestra verdadera naturaleza es conciencia y la segunda, la comprensión de que la misma conciencia que está en nosotros es la que hay en todos los demás.

Si he asimilado adecuadamente la primera enseñanza, no me pondré tenso pase lo que pase en la vida. Nuestro saldo bancario puede hundirse, nuestros seres queridos pueden abandonarnos, nuestra casa puede quemarse, podemos contraer una enfermedad mortal, podemos perder el trabajo... sea lo que sea, no perderemos la ecuanimidad mental porque hemos asimilado plenamente la enseñanza de que nuestra verdadera naturaleza no es el cuerpo ni la mente sino la conciencia dichosa y eterna. ¿Qué le importa a la conciencia no tener dinero? ¿Qué le importa a la conciencia que se queme la casa? ¿Qué le importa a la conciencia que el cuerpo enferme y se muera? La conciencia es eterna, omnipresente y siempre está dichosa. Nada le afecta. Y, si nos hemos identificado totalmente con la conciencia, nunca nos disgustarmos cuando en el mundo exterior suceden circunstancias adversas. Nuestra capacidad de permanecer en calma cuando el infierno se ha desatado se corresponde directamente con la medida en la que se ha asimilado esa verdad.

Y, si hemos asimilado adecuadamente la segunda enseñanza —que nuestra conciencia es la misma conciencia que hay en los demás—, tendremos compasión por las otras personas. Para explicarlo, Amma suele poner el ejemplo de cuando nos hacemos un corte en la mano. Cuando nos cortamos en la mano izquierda, la derecha va inmediatamente en su ayuda, lavando la herida, aplicando un medicamento y vendándola. La mano derecha no hace caso omiso a la izquierda pensando: "¡Bah! Es la mano izquierda. ¿Qué me importa lo que le pase?" No, sabe que está inextricablemente vinculada con la mano izquierda, que la mano izquierda y la mano derecha son del mismo ser vivo y, por eso, responde en consecuencia. O si nos metemos el dedo en el ojo, no nos cortamos el dedo. El dedo frota el ojo para calmarlo. Así que, cuando se ha asimilado la unidad con todos los demás, la consecuencia natural es el ver sus penas como nuestras, el tomar sus alegrías como nuestras. Cuanta más compasión sintamos al ver sufrir a los demás, más habremos asimilado esa verdad.

Kṛṣṇa le explica esto a Arjuna en la Bhagavad-Gīta cuando dice:

ātmaupamyena sarvatra samaṁ paśyati yor'juna |
sukhaṁ vā yadi vā duḥkhaṁ sa yogī paramo mataḥ ||

"Se considera supremo a ese yogi, oh Arjuna, que juzga los placeres o el dolor en todas partes con la misma medida que se aplica a sí mismo".

Bhagavad-Gīta, 6.32

De hecho, Amma dice que, como parte de nuestra práctica de asimilación, debemos responder al menos exteriormente de forma vedántica. Eso significa que, aunque no sintamos compasión, debemos actuar con compasión. Quizá no sintamos realmente el dolor de alguien que está sufriendo; pero debemos actuar como si lo hiciéramos, ayudándole como y cuanto podamos. Amma dice que actuar con magnanimidad contribuye a ampliarnos gradualmente la mente. Indudablemente, esa es una de las motivaciones de los proyectos de servicio desinteresado de Amma. Amma se preocupa de ayudar a los pobres, los enfermos y los que sufren; pero también quiere crear oportunidades para que sus discípulos y devotos participen en actividades que les ayuden a transformar la mente.

Acción e inacción

Muchas personas creen erróneamente que en el jñāna yoga hay que abandonar todas las acciones. Esa confusión existía incluso en la antigüedad. En la propia Gīta, Śrī Kṛṣṇa se lo dice claramente a Arjuna:

> *kiṁ karma kim-akarmeti kavayo'pyatra mohitāḥ* |
>
> "¿Qué es la acción? ¿Qué es la inacción? En cuanto a la respuesta, hasta los sabios están confusos".
>
> Bhagavad-Gīta, 4.16

Kṛṣṇa sigue explicando después que "abandonar las acciones" significa dejar la idea de que se es el complejo cuerpo-mente, no intentar abstenerse literalmente de la acción. Kṛṣṇa lo explica con una estrofa que suena un poco a adivinanza:

> *karmaṇya-karma yaḥ paśyedakarmaṇi ca karma yaḥ* |
> *sa buddhimān-manuṣyeṣu sa yuktaḥ kṛtsna-karma-kṛt* ||

> "El que ve la inacción en la acción y la acción en la inacción es un sabio entre los hombres, es un yogui y lo consigue todo".
>
> Bhagavad-Gīta, 4.18

Significa que quien tiene comprensión espiritual sabe que, aunque el cuerpo actúe y la mente piense, la conciencia —la verdadera naturaleza propia— permanece siempre inactiva. Y, al contrario, entiende que aunque se pueda parecer inactivo —esto es, durante el sueño, la meditación o cuando estamos sentados inmóviles—, mientras todavía se identifica uno con la mente y el cuerpo, todavía hay que trascender la acción.

Después, en relación con el significado de la clase de inacción que se busca en la vida espiritual, Kṛṣṇa concluye:

> *karmaṇyabhipravṛttopi naiva kiṁcit-karoti saḥ* ||
>
> "Aunque ocupado en el karma, [el sabio] en verdad no hace nada".
>
> Bhagavad-Gīta, 4.20

El malentendido de que la culminación de la vida espiritual es quedarse sentado en una especie de estado catatónico o, en general, convertirse en un inútil es algo que Amma ha estado intentado erradicar con vehemencia durante toda su vida. Lo hace en sus charlas, donde a menudo se burla de los supuestos vedāntines que proclaman *aham brahmāsmi*, "yo soy Brahman", pero se quejan si no les llevan la comida o el té a tiempo. Llama a esos vedāntines "vedāntines ratones de biblioteca". No solo su conocimiento es meramente libresco, sino que además destruyen el espíritu de esos mismos libros con su hipocresía. A un verdadero vedāntin no se le debe poder aplicar el refrán "del dicho al hecho hay mucho trecho".

Sin la guía de un guru adecuado podemos fácilmente ser víctimas de nuestro inteligente ego y manipular las escrituras para que encajen con nuestros gustos y aversiones. Una vez pararon a un sacerdote por exceso de velocidad. Cuando el policía se acercó a su ventanilla, el sacerdote citó: "Benditos serán los misericordioso, porque ellos alcanzarán misericordia". El policía le puso la multa y citó a su vez: "Vete y no peques más".

Amma dice que el verdadero conocedor del ātma es más humilde que el más humilde, porque ve la divinidad inherente en todo. ¿No es eso lo que vemos en Amma? Durante el Devi Bhāva arroja una lluvia de pétalos de flores sobre todos. ¿Por qué? Lo interpretamos como una forma de bendición; pero para Amma ella está sencillamente adorando a Dios, ofreciendo flores a miles de manifestaciones de lo divino. Como dijo Amma una vez cuando un periodista le preguntó si sus devotos la estaban adorando: "No, no, es al contrario. Yo los adoro a ellos". La comprensión de que "no solo yo soy Brahman, sino que también lo son todos los demás" es la fuente última de la humildad de Amma. Por eso es por lo que vemos que Amma se postra constantemente: ante las cosas que le ofrecen, ante sus devotos y visitantes, ante los vasos de agua que le dan... ante todo. Desgraciadamente, vemos a muchos buscadores engañados que se vuelven más y más arrogantes con cada upaniṣad que estudian. No es culpa de las escrituras, sino de los buscadores. Amma bromea a veces con que llamar vedāntin a un vedāntin que no pasa "del dicho al hecho" es como llamar "Nātarāja" a un lisiado o "Ambujākṣi"[6]a una bizca.

Recuerdo que una vez un nuevo brahmacāri le preguntó a Amma si llega un momento en el que hay que tomar la decisión de dejar de realizar acciones o si la acción se cae naturalmente por sí misma. Para destruir completamente la idea equivocada del joven, recuerdo que Amma dijo: "Śrī Kṛṣṇa nunca dejó de realizar acciones, y tampoco lo ha hecho Amma. No es la acción

[6] Nombres indios corrientes. Nātarāja, un nombre del Señor Śiva, significa "el Señor de la Danza"; Ambujākṣi, un nombre de Devi, significa "la que tiene ojos como lotos".

lo que se abandona. Es la idea de que uno es el cuerpo que realiza las acciones".

Pero más que luchar contra esta idea falsa con palabras, Amma la combate con su vida. En Amma vemos a alguien que verdaderamente irradia conocimiento supremo con todas sus palabras, miradas y gestos. Su conocimiento es perfecto. Para Amma, no hay nada más que dicha divina. Para Amma, las montañas, el cielo, el sol, la luna, las estrellas, la gente, los animales y los insectos no son más que distintos rayos de luz que reflejan las infinitas caras del diamante de la conciencia, que sabe es su propio Ser. En realidad, si Amma quisiera podría fácilmente cerrar los ojos e ignorar las nimiedades que llamamos el nombre y la forma, viéndolas tan carentes de importancia como las cambiantes formas de las nubes en el cielo infinito; pero nunca lo ha hecho ni nunca lo hará. Por el contrario, desciende al nivel de los que todavía tienen que alcanzar su comprensión. Ella nos sostiene, enjuga nuestras lágrimas, escucha nuestros problemas y, lenta pero seguramente, nos eleva. Para Amma, esas acciones no son, en realidad, acciones en absoluto. A pesar de dedicar cada momento de su vida a ayudar a la humanidad, Amma sabe en su corazón que ella es, siempre fue y siempre será inactiva. Para Amma eso es el Vedānta.

Capítulo 10

La liberación en vida y después

"Jīvanmukti no es algo que haya que lograr después de la muerte, ni que se experimente o se te conceda en otro mundo. Es un estado de conciencia y ecuanimidad perfectas que puede experimentarse aquí y ahora en este mundo, mientras vivimos en el cuerpo. Como han llegado a experimentar la verdad suprema de la unidad con el Ser, esas almas benditas no tienen que volver a nacer. Se funden con la conciencia infinita".

—Amma

Cuando se ha asimilado plenamente el *ātma jñāna* [conocimiento del Ser], se ha alcanzado la culminación de la vida espiritual, la trascendencia completa de todo sufrimiento. Al comprenderse que no se es el cuerpo, la mente o el intelecto sino la conciencia omnipresente, eterna y dichosa, ya no se puede sufrir más por las distintas aflicciones mentales que son la maldición de la humanidad. Cuando se entiende que nuestro Ser es la fuente de toda dicha, ¿qué puede desearse? Si vemos a todos como extensiones de nuestro propio Ser, ¿con quién podemos enfadarnos? ¿De quién podemos tener envidia? Ya no queda engaño alguno respecto al mundo. Nos volvemos eternamente libres y dichosos. Ese cambio de identificación tiene que volverse irreversible. A partir de entonces, ya no podremos volver a vernos a nosotros mismos o al mundo como lo hacíamos antes. Nuestro "ojo de la sabiduría" se ha abierto y nunca podrá cerrarse de nuevo.

Es casi como esas imágenes trucadas que esconden una imagen dentro de otra imagen. Al principio solo podemos ver la imagen obvia, digamos, un bosque. Por mucho que la miremos, no podemos ver una cara de hombre entre los árboles. Otras personas estarán detrás de nosotros diciendo: "¿Qué quieres decir con que no puedes verlo? ¡Está justo ahí!". Pero seguimos viendo solo un bosque. Lo intentamos, y lo intentamos, y lo intentamos, pero seguimos viendo solo árboles. Y, entonces, de repente, la vemos: la cara de un hombre. Desde entonces, cada vez que miremos la imagen veremos la cara del hombre entre los árboles. Entonces llega una nueva persona e intenta verla, pero no puede, y ahora estamos en el grupo que está detrás de ella diciendo: "¡Vamos! ¡Es tan evidente...! Está justo ahí. ¿No lo ves?" Lo mismo pasa con el conocimiento del Ser. Una vez que el conocimiento se ha asimilado plenamente, ya no hay vuelta atrás. Somos eternamente libres y estamos eternamente en paz. A ese estado se le llama *jīvanmukti*, la liberación en vida.

Jīvanmukti es un cambio de comprensión, no de visión física. Se sigue viendo el mundo dualista —las montañas, los ríos, los árboles, los ancianos, los jóvenes, los hombres, las mujeres, etc.—; sin embargo, la comprensión de que esas entidades no son más que nombres y formas que se permutan sobre el substrato eterno de la conciencia pura se mantiene siempre. Es justo igual que "el cuadro dentro del cuadro". No es que cuando hayamos visto la cara ya no podamos ver los árboles. Seguimos viéndolos perfectamente, pero la cara del hombre está siempre ahí, mirándonos ella también. Amma compara a menudo "la visión" a cómo se es siempre consciente del hecho de que todas las clases de joyas de oro no son en esencia más que oro. Tenemos esa compresión, pero seguimos recordando la distinta función de cada pieza. El anillo de pie se pone en el dedo del pie, las cadenitas de tobillo en el tobillo, el collar en el cuello, las pulseras en la muñeca, los pendientes en las orejas y los pendientes de nariz en la nariz. Además, como sabemos que todo es oro, los consideramos preciosos y los tratamos con sumo cuidado. ¿No es eso lo que vemos en Amma? Ella ve todas nuestras diferencias y se relaciona de forma distinta con nosotros según nuestras respectivas personalidades y nuestro estado mental; pero siempre ve el oro que hay en cada uno de nosotros. Por eso, a sus ojos todos somos igualmente preciosos. Esa es la visión con la que un *jīvanmukta* ve el mundo que lo rodea.

Esta visión del jīvanmukta es la que presenta la estrofa de la Bhagavad-Gīta que se recita tradicionalmente antes de comer:

> *brahmarpaṇaṁ brahma havirbrahmāgnau brahmaṇā hutaṁ* |
> *brahmaiva tena gantavyaṁ brahmakarma samādhinā* ||
>
> "El cucharón de la oblación es Brahman, la ofrenda es Brahman, ofrecida por Brahman en el fuego de Brahman; a Brahman va verdaderamente el que reconoce solo a Brahman en su acción".
>
> Bhagavad-Gīta, 4.24

La belleza de esa estrofa es que, mediante la imágen de un ritual védico, se muestra que todos los elementos de cualquier acción son en esencia solo conciencia: el instrumento de la acción (aquí, el cazo de la oblación), el objeto directo de la acción (la propia oblación), el sujeto de la acción (el que ofrece la acción),el lugar de la acción (el agujero donde está el fuego, que recibe la oblación), así como el resultado de la acción (el mérito logrado al ofrecer la oblación). Se espera de nosotros que extendamos esa visión a todos los instrumentos de acción, objetos de la acción, sujetos de la acción, lugares de acción y resultados de la acción, es decir, a todos los aspectos de todo lo que tiene lugar bajo el sol. Recitamos esa estrofa antes de comer como una forma de *nidhidhyāsana* [asimilación], para recordar que la cuchara es Brahman, la comida es Brahman, el que come es Brahman, el sistema digestivo es Brahman y la satisfacción que se experimenta comiendo también es Brahman. Millones de personas de todo el mundo recitan ese *mantra* cada vez que se sientan a comer; pero, ¿cuántos reflexionan realmente sobre su significado? Con un poco de conciencia, esos mantras se vuelven poderosos medios para recordar la gloria de nuestra verdadera naturaleza.

Un ejemplo para inspirarnos

Tener el ejemplo vivo de un alma con conocimiento en Amma es una de las cosas por las que nosotros, los hijos de Amma, somos muy afortunados. Cada palabra y cada acción de Amma puede servir para inspirarnos y recordarnos la meta última de la vida. Si un niño crece en un vecindario en el que nadie ha llegado nunca a nada, es muy difícil que crea que puede llegar a algo. Sin embargo, si alguien de ese vecindario se libera de algún modo y llega a ser, por ejemplo, presidente del país, se convertirá en una gran fuente de inspiración para todos los que vivan allí. Es casi como cuando Roger Bannister rompió el récord de correr una milla en cuatro minutos. Antes de Bannister, existía la creencia general de que ningún hombre podía correr una milla en cuatro minutos. Sin embargo, cuando Bannister lo hizo en 1954, pronto otros cuantos corredores le siguieron. Así que nunca debemos subestimar el poder de los ejemplos vivientes.

Por tanto, simplemente *ver* a un ser iluminado nos transforma. E indudablemente, cuando vemos y observamos a Amma —el amor que irradia, la compasión de su sonrisa, la ternura de su mirada— se produce un cambio. Porque nos encontramos cara a cara con la prueba viviente de todo lo que podemos hacer. Hasta que vemos a alguien como Amma, ¿quién puede culparnos por creer que el estado de conocimiento del Ser está hecho de la sustancia de los mitos?

En Amma vemos a alguien que vive con el resultado completo del ātma jñāna: sin ira, sin odio, sin envidia, sin deseos egoístas, compasiva con todos y cada uno, con paz y felicidad independientemente de la situación exterior. Todos esos son los resultados directos de su comprensión cristalina de lo que ella es y de lo que no es.

La verdadera libertad

En nuestros días muchas personas hablan de libertad. Nadie quiere que le digan lo que tiene que hacer. Queremos ir y venir como nos plazca. Queremos decidir qué clase de ropa llevamos, cómo nos cortamos el pelo, qué clase de amigos tenemos, con quién nos casamos, de quién nos divorciamos, etc. En un sentido podemos llamar libertad al hecho de poder realizar esas elecciones por nosotros mismos; pero, ¿somos realmente libres? Si observamos atentamente, veremos que el individuo que realiza todas esas elecciones personales no es más que un esclavo de sus gustos y aversiones. Si nuestra verdadera naturaleza está más allá de la mente, ¿no es un poco extraño que estemos dejando que la mente dirija nuestra vida?

Amma dice que, aunque podamos ser "libres" para actuar según nuestros gustos y aversiones, no somos libres cuando se trata de la forma en la que reaccionamos ante los resultados de esas acciones. Por ejemplo, podemos ser libres para cortarnos el pelo en forma de cresta y teñirlo de morado; pero cuando todos se rían de nosotros, ¿tendremos todavía la libertad de decidir cómo responder? No, nos sentiremos tristes, enfadados, avergonzados, etc. Nos falta la libertad de responder al ridículo con alegría. Por eso, Amma dice que nuestra libertad es, en el mejor de los casos, limitada. Un jīvanmukta, sin embargo, es libre para decidir tanto cómo actúa como de qué manera responde a los resultados de sus acciones.

Recuerdo que una vez Amma contó un chiste sobre este tema. Después de ver a unos devotos estadounidenses acudir al darśan con crestas en el pelo, dijo: "En la actualidad, las personas mayores ven los cortes de pelo alocados de los jóvenes y se ríen.

Del mismo modo, los jóvenes ven los cortes de pelo tradicionales de las personas mayores —como llevar una *śikha* [mechón]— y se ríen. Sin embargo, tanto los jóvenes como los ancianos se ríen igual cuando ven la cabeza rapada de un *sannyāsi*. Así que en la vida espiritual debemos ser como una cabeza rapada y ofrecer nuestro ser por la felicidad de los demás".

Solo cuando logremos la jīvanmukti y nos desidentifiquemos de la mente podremos decir verdaderamente que somos libres. En ese estado, las impresiones pasadas ya no nos dominan. No es que nos volvamos unos idiotas incapaces de recordar que el fuego quema. Al contrario, seremos capaces de llegar a cada experiencia con una mente nueva y sin prejuicios. Y lo que vemos en esos individuos es que su vida ya no se dirige a adquirir cosas para sí mismos, sino a lograr cosas para los demás; a dar en lugar de recibir. Antes trabajábamos por nuestra propia ganancia material; después trabajamos felizmente por los demás. Antes nos adheríamos al *dharma* como parte de nuestro camino hacia la liberación; después nos adherimos al dharma para ser un ejemplo brillante que guie al mundo, para llevar paz y felicidad a los demás. Como dice Kṛṣṇa:

> *saktaḥ karmaṇyavidvāṁso yathā kurvanti bhārata* |
> *kuryādvidvāṁstathāsaktaḥ cikīrṣurloka-saṁgraham* ||
>
> "Igual que el no iluminado actúa por apego a la acción, Arjuna, así debe actuar el iluminado sin apego, deseando el bien del mundo".
>
> Bhagavad-Gīta, 3.25

De hecho, Amma dice que ha sido plenamente consciente de su naturaleza divina desde el mismo nacimiento, y vemos esto reflejado en las acciones de su vida. Nunca se ha visto una persona más dhármica. Ya de pequeña servía a los enfermos y a los pobres, tomando lo menos posible del mundo y dando lo máximo. Y en la actualidad dedica toda su vida no solo a bendecir personalmente a las personas mediante su darśan sino también a dirigir una organización multinacional de voluntarios. Está al frente de hospitales benéficos, residencias para enfermos desahuciados, orfanatos, residencias de mayores, instituciones educativas, programas de hogares para los sin techo, planes de bienestar, campamentos médicos, ayuda en desastres... la lista es interminable. Nada de ello nace de un espacio vacío en el interior de Amma que esté intentando llenar realizando buenas acciones, sino del deseo desinteresado de inspirar al mundo con su ejemplo. Así es como el jīvanmukta pasa el resto de su vida, esforzándose dichosamente por servir y elevar al prójimo.

Comprender plenamente que toda la dicha que se busca en el mundo exterior procede en realidad del interior no significa que se dejen de realizar acciones. Solo significa que se dejarán de realizar acciones por lograr felicidad. Cuando se entiende que la pluma no es una simple pluma de ave sino una estilográfica con su propia reserva de tinta, ¿se la sigue mojando en el tintero? Por supuesto que no; pero se sigue escribiendo. Lo mismo pasa con el jīvanmukta.

Videha-mukti

Las escrituras nos dicen que cuando un jīvanmukta llega al final de su vida, alcanza *videha-mukti*. Videhamukti significa "libertad del cuerpo". Para entenderlo adecuadamente, primero hay que ver lo que sucede cuando muere alguien que no ha logrado el conocimiento del Ser.

Los santos y los sabios nos dicen que los frutos de sus acciones guían el curso de la vida, y de las vidas futuras, de un ser humano. Amma dice que siempre que realizamos una acción se producen dos resultados: un resultado visible y un resultado invisible. El resultado visible se debe a las leyes de la sociedad, la naturaleza y la física, etc. El resultado invisible se manifiesta por leyes más sutiles y se basa en la motivación de nuestra acción. Si la motivación era generosa, desinteresada, el correspondiente fruto invisible será *puṇya,* un resultado positivo. Si la motivación era vil, egoísta y perjudicial para los demas, será *pāpa,* negativo. Los resultados visibles llegan más o menos de inmediato. No se puede calcular cuándo van a llegar los resultados invisibles. Llegarán a su debido tiempo, quizás en esta vida, quizás en la siguiente, apareciendo como situaciones y circunstancias favorables o desfavorables, como corresponda.

Voy a poner un ejemplo. Si empujo a un hombre, el resultado visible es que se mueve en la dirección en la que he aplicado la fuerza. Supongamos ahora que empujo a ese hombre desde un tren porque quiero hacerle daño. En ese caso el motivo era vil y, a su debido tiempo, sin duda, hará que se manifieste un resultado negativo. Quizá en una vida futura alguien me empujará de un tren en marcha. Por el contrario, si he empujado al hombre del tren porque este estaba a punto de explotar y quería salvarle la vida, se trata de una acción generosa que, con el tiempo, producirá un resultado positivo. Quizá alguien también me salve de un peligro algún día.

Todas esas acciones se registran durante toda nuestra vida. Como dice Amma: "A lo largo de nuestra vida, todos nuestros pensamientos y acciones se registran en una envoltura sutil que funciona como una grabadora. Según las impresiones acumuladas en una vida, el jīva [individuo] adoptará otro cuerpo en el que se repetirán las implicaciones de las impresiones registradas".

Esos karmas registrados se dividen en tres categorías: *prārabdha karma*, *sañcita karma* y *āgāmi karma*. El sañcita karma son todas nuestras reservas de karma, bueno y malo. Incluye las impresiones de las acciones que hemos realizado en innumerables vidas. El prārabdha karma es la parte del karma que se selecciona de la reserva del sañcita karma para que madure en esta vida. El prārabdha karma es el que determina dónde se nace, de qué padres, los hermanos y hermanas que se tienen, el aspecto físico, etc. También determina cuándo y cómo se muere. Por último, el āgāmi karma son los resultados de las acciones que realizamos en esta vida. Algunos de ellos pueden dar fruto en esta misma vida; a nuestra muerte, el saldo se sumará a la reserva de sañcita karma.

Si examinamos ese ciclo, podemos ver fácilmente que es inacabable. No se puede hablar de agotar todos los karmas de alguien, porque todos los días se está creando continuamente karma. Así que, en este sentido, hablar de "quemar todo el karma de alguien" es incorrecto. No puede suceder nunca. El camino del alma no iluminada es un ciclo eterno de nacimiento y muerte, que se llama el ciclo de *samsāra*.

Sin embargo, el jīvanmukta es capaz de trascender el karma. El ciclo puede continuar, pero él se baja de un salto, por así decirlo, porque ha pasado de identificarse con el cuerpo, la mente y el intelecto a identificarse con la conciencia. En la conciencia no hay ego, no hay sensación de ser una personalidad separada que hace esto y experimenta aquello. Puṇya y pāpa —el pecado y el mérito— solo se crean cuando se funciona desde el punto de vista del ego. De modo que con la iluminación inmediatamente se deja de acumular nuevo karma.

A diferencia del resto de nosotros, cuando muere, el jīvanmukta no vuelve a nacer. Como ya se identifica con la conciencia omnipresente mientras está en el cuerpo, no hay ningún lugar donde el jīvanmukta pueda ir después de la muerte. Simplemente se funde con la realidad suprema, con la que ya se había identificado. Aunque le pueda quedar karma para siglos en su reserva de sañcita, el sañcita ya no tiene ninguna diana a la que apuntar. La propia diana ha desaparecido. ¿Al despertar hay que pagar los préstamos que se han pedido en un sueño? Por supuesto que no. Lo mismo pasa con el sañcita karma tras la muerte del cuerpo del jīvanmukta.

Eso deja solo el prārabdha karma. Según las escrituras, el jīvanmukta seguirá experimentando el prārabdha karma hasta que muera. Para explicar esta idea, Amma utiliza a menudo el ejemplo de cómo, incluso después de apagarlo, el ventilador del techo sigue dando vueltas un rato. De hecho, solo se sigue viviendo debido al prārabdha karma. Es el prārabdha el que determina, más o menos, el momento y la causa de la muerte. El último aliento llega cuando aquel se ha agotado. Pero, debido a su identificación con la conciencia y no con el cuerpo, al jīvanmukta no le afecta demasiado ningún prārabdha. El dolor físico es el dolor físico y tendrá que soportarlo; pero, como sabe que no es el cuerpo, ese dolor se mitiga en gran medida. Además, dice Amma, tiene la capacidad de apartar a voluntad la mente de los sentidos.

Si observamos nuestra propia vida, podemos ver que el dolor físico no es la mayor causa de nuestro sufrimiento. La principal es el dolor emocional, que llega acompañando al dolor físico; el miedo, la tensión y la preocupación. Por ejemplo, imaginemos que un día nos atacan cuando volvemos caminando a casa del trabajo. El asaltante nos golpea en la cabeza y nos roba la cartera. El dolor físico no es tan terrible. En pocos días estaremos mejor. Pero el miedo puede vivir en nosotros durante años, quizá durante toda nuestra vida. O quizás nos diagnostiquen una enfermedad mortal. Es posible que pasen años antes de que la enfermedad empiece siquiera a manifestar cualquier síntoma externo grave; sin embargo, el miedo y la tensión sobre el futuro pueden hacer presa en nosotros todo el tiempo que estemos despiertos, destruyendo nuestra capacidad de disfrutar de la vida. Así que el jīvanmukta experimenta el dolor del momento, pero no la ansiedad ni el temor que lo preceden y lo perpetúan.

O, si lo miramos desde otro ángulo, también podemos decir que para el jīvanmukta no hay prārabdha. ¿Cómo podemos decir tal cosa? Porque el jīvanmukta no se considera a sí mismo el cuerpo de ninguna manera en absoluto. Se considera la conciencia eterna y dichosa. Y para la conciencia no hay prārabdha karma; nunca lo ha habido y nunca lo habrá. De hecho, para alguien que se ha identificado verdaderamente con el ātma no puede hablarse ni de "liberación" ni de "esclavitud". Suena bastante extraño, pero en el ātma jñāna se comprende que, de entrada, nunca se ha estado atado. La conciencia nunca puede ser atada. Lo que estaba atado solo era una mente, y el jīvanmukta ha llegado a entender que él no es la mente ni nunca lo ha sido. En este sentido, la diferencia entre jīvanmukti y videhamukti solo existe desde la perspectiva de los que todavía tienen que lograr el conocimiento del Ser. Quien posee el ātma jñāna entiende que está "libre del cuerpo" incluso cuando el cuerpo todavía está vivo. Para él todos los cuerpos son iguales. No se identifica con "su" cuerpo más que con los de los demás. Tal como él lo ve, él no está en el cuerpo, sino que todos los cuerpos están dentro de él. Eso es lo que Amma quiere decir cuando afirma: "La gente llama a esta forma visible 'Amma' o 'Māta Amṛtānandamayi Devi', pero el Ser que habita en el interior no tiene ni nombre ni dirección. Es omnipresente".

Todos llegaremos a esta comprensión. Tenemos la promesa tanto de las escrituras como de Amma. "Es solo cuestión de tiempo", dice Amma. "Para algunos, esa comprensión ya se ha producido; para otros, tendrá lugar en cualquier momento; y, para otros, sucederá más adelante. Solo porque no haya sucedido todavía o pueda incluso no producirse en esta vida, no penséis que nunca vaya a suceder. En vuestro interior hay un inmenso conocimiento esperando vuestro permiso para revelarse".

No hay nada más precioso que la presencia y las enseñanzas de una *sadguru* como Amma.

Desde este punto de vista, toda nuestra vida está llena de gracia. Cuánto aprovechemos esa gracia depende de nosotros. El "permiso para revelarse" que le damos es nuestra sinceridad, los esfuerzos que hacemos por armonizar nuestra mente con la de Amma, por vincular nuestra vida a Amma, por disolver nuestro egoísmo en desinteresada voluntad divina. Cuando hacemos eso, descubrimos que Amma es como un catalizador que acelera nuestro desarrollo y nos anima a avanzar por este Camino Eterno.

||oṁ lokāḥ samastāḥ sukhino bhavantu||

"Om. Que todos los seres de todos los mundos sean felices".

Guía de pronunciación

"Dios entiende nuestro corazón. El padre sabe que el bebé le está llamando y siente amor por él le llame 'padre' o 'dada'. Del mismo modo, la devoción y la concentración son el elemento más importante".

—Amma

Letra	**Sonido**
a	*a* breve, como la segunda *a* de *vaca*
ā	*a* larga, como la primera *a* de *vaca*
i	*i* breve, como la segunda *i* de *símil*
ī	*i* larga, como la primera *i* de *símil*
u	*u* breve, como en *dudar*
ū	*u* larga, como en *luna*
ṛ	*r* suave, como en *crimen*
ṝ	*r* fuerte, como en *rana*
e	*e* larga, como en época
ai	como en español; pero a final de palabra se pronuncia *ei*
o	*o* larga, como la primera *o* de *loro*
au	como en español
ṁ	nasaliza la vocal anterior (el aire se expulsa a la vez por la boca y la nariz), como en el francés *bon*. El sonido se adapta al de la consonante que venga después (ej: ante *t* suena como *n*; ante *p*, como *m*; etc.); y, si después hay una vocal o es final de frase, suena como una *m*
ḥ	en medio de una palabra es una breve aspiración (= *h* inglesa); a final de palabra pero en medio de una frase es muda; a final de frase es una breve aspiración seguida de la repetición de la vocal anterior; p. ej., *namaḥ* se pronuncia aproximadamente *namahá.*
k	como en español
kh	como la anterior, pero "aspirada": expulsando aire por la boca (como en una *h* inglesa) después de la *k* en el mismo golpe de voz.
g	*g* suave, como en *gota*
gh	como la anterior aspirada

ṅ	como la *n* de *manga*
c	como una *ch*
ch	como la anterior aspirada
j	como la *j* inglesa (*John*) o catalana (*Jordi*)
jh	como la anterior aspirada
ñ	como en español
ṭ	*t* retrofleja: se pronuncia con la punta de la lengua tocando el paladar
ṭh	como la anterior aspirada
ḍ	*d* retrofleja
ḍh	como la anterior aspirada
ṇ	*n* retrofleja
t	como en español
th	como la anterior aspirada
d	como en español
dh	como la anterior aspirada
n	como en español
p	como en español
ph	como la anterior aspirada
b	como en español
bh	como la anterior aspirada
m	como en español
y	como en español
r	*r* suave, como en *cara*
l	como en español
v	como en español, excepto tras consonante, que se pronuncia como una *w* inglesa o una *u*
ś	como la *sh* inglesa en *shiatsu* o *shock*
ṣ	como la anterior pero retrofleja
s	como en español
h	aspirada, como en inglés; parecida a una j suave
ḷ	l retrofleja (letra propia del malayálam, no existe en sánscrito)

Glosario

Ādi Śaṅkarācārya: el mahātma responsable de la consolidación de la escuela de pensamiento del Advaita Vedānta. Entre sus más importantes contribuciones se incluyen comentarios de diez upaniṣads, la Bhagavad-Gīta y los Brahma Sūtras.

ādityas: semidioses, hijos de Kaśyapa y Aditi

āgāmi karma: mérito y demérito que se acumulan por nuestras acciones en nuestra vida actual

ahimsa: la práctica de la no violencia

ākāśa: el elemento espacio

Amṛta Niketan: un orfanato que hay en Paripaḷḷi, en el distrito de Kollam (Keraḷa), dirigido por el Māta Amṛtānandamayi Math

Amṛtapuri: el lugar en que se encuentra el āśram principal de Amma, situado en Parayakaḍavu, pañcayat de Alappāṭ, distrito de Kollam, Keraḷa

anādi: sin comienzo

ananta: sin final, ilimitado, infinito

anātma: "no ātma", lo que es distinto del Ser, lo que está sometido al cambio

añjali mudra: una forma de saludo reverencial, en el que se juntan las palmas de las manos para simbolizar un capullo de loto

aparigraha: no acumular, abstenerse de coger lo que no es imprescindible para vivir. Es el último de los cinco yamas del sistema del aṣṭāṅga-yoga de Patañjali.

ārati: un ritual en el que se hacen círculos en el aire con alcanfor encendido delante de un ídolo, imagen o mahātma; también un canto que se canta mientras se realiza este ritual

arcana: adorar ofreciendo mantras. En relación al āśram de Amma, la palabra se refiere a la recitación de los ciento ocho nombres de Amma y el Lalita Sahasranāma.

Arjuna: uno de los principales personajes del Mahābhārata, que se hace discípulo de Kṛṣṇa y recibe la sabiduría impartida en la Bhagavad-Gīta

ārta bhakta (ārta): persona cuya devoción a Dios se basa en oraciones en las que pide la eliminación de aflicciones

arthārti bhakta (arthārti): persona cuya devoción se basa en oraciones en las que pide favores

āsana: asiento; un estiramiento o postura yóguica

asteya: no robar, el tercero de los cinco yamas del sistema del aṣṭāṅga-yoga de Patañjali

aṣṭāṅga yoga: "yoga de ocho miembros", nombre de un sistema de yoga de ocho pasos expuesto por el sabio Patañjali

āśram: un monasterio hinduista, en el que vive un guru con sus discípulos; una etapa de la vida

āsuri sampat: cualidades demoníacas

ātma: el Ser, la conciencia eterna y dichosa que llena e ilumina la mente, el cuerpo y el universo

ātma-anātma viveka: discernir entre lo que es el ātma (el testigo inmutable) y lo que no es el ātma (todos los objetos sometidos al cambio)

ātma-jñāna: conocimiento del Ser, Autoconocimiento

ātma-pūja: un ritual que realiza y dirige Amma antes del Devi Bhāva

ātma-samarpaṇam: entrega de uno mismo

avastha-traya viveka: discernir mentalmente entre la conciencia y los tres estados de la mente (estado de vigilia, estado de sueño y estado de sueño profundo)

Bhagavad-Gīta: literalmente "la Canción del Señor". Un texto de setecientas estrofas en forma de un diálogo entre el guru Kṛṣṇa y el discípulo Arjuna. Se lo considera una de los tres textos centrales del hinduismo.

bhajan: cantos devocionales; adoración

bhakti: devoción

bhāva: estado mental divino

Bhūta Yajña: proteger la flora y la fauna como forma de adoración, uno de los pañca mahā-yajñas

brahmacāri: un discípulo / alumno soltero y célibe de un guru

brahmacarya: celibato, el cuarto de los cinco yamas del sistema de aṣṭāṅga-yoga de Patañjali

brahmacarya āśrama: la primera etapa de la vida védica tradicional, en la que se vive con un guru y se es educado por él

Brahman: la conciencia omnipresente, eterna y dichosa que llena el individuo y el universo; la realidad última según la filosofía Vedānta

Brahma Sūtras: 555 aforismos escritos por Veda Vyāsa que contextualizan y ordenan sistemáticamente las enseñanzas de los Vedas sobre la verdad última, uno de los tres textos centrales del hinduismo

Brahma Yajña: recuerdo del guru y los Vedas como forma de adoración, uno de los pañca mahā-yajñas

brāhmin / brāhmaṇa: un miembro de la casta sacerdotal

Bṛhaspati: un semidios al que se considera el guru de todos los semidioses

buddhi yoga: "el yoga del intelecto", un término que Kṛṣṇa emplea en la Bhagavad-Gīta para referirse a la actitud de karma yoga

cakra: literalmente "rueda", un plexo de nervios sutiles tratado sobre todo por los sistemas del yoga, la kuṇḍalini y el tantra

dama: control de los sentidos

darśan: "visión sagrada", específicamente conseguir una audiencia con un Dios, guru o mahātma; el abrazo de Amma

deva: Dios; semidiós

Deva Yajña: adoración de Dios, concretamente bajo la forma de los elementos y las fuerzas naturales; uno de los pañca mahā-yajñas

devata: semidioses

Devi: la Diosa, la Madre Divina del Universo, la manifestación femenina de Dios

Devi Bhāva: una forma especial de darśan en el que Amma se viste y actúa como Devi

daityas: demonios, hijos de Kaśyapa y Diti

daivi sampat: cualidades divinas

dharma: el código de acción que tiene en cuenta la armonía del mundo, la sociedad y el individuo

dhārana: enfocar la mente en un objeto, sexto paso del sistema del aṣṭānga-yoga de Patañjali

dhyāna: meditación, séptimo paso del sistema del aṣṭānga-yoga de Patañjali

dṛg-dṛśya viveka: discernimiento entre el que ve (el Ser) y lo visto (el no Ser)

Gaṇeśa: una forma de Dios representado con una cabeza de elefante, que simboliza o la Divinidad suprema o un semidiós encargado de apartar obstáculos

Gauḍapādācārya: guru del guru de Ādi Śaṅkarācārya, autor de un famoso comentario de la Maṇḍūkya Upaniṣad

gṛhastha āśrama: vida como seglar, la segunda etapa de la vida védica tradicional

guru bhāva: "actitud interior de guru", en la que se adopta el papel de maestro que impone una disciplina

guru seva: realizar acciones de servicio según las instrucciones del guru o como ofrenda al guru

guru: un maestro espiritual que enseña a discípulos

Guruvāyūrappam: una forma del Señor Kṛṣṇa instalada en un templo de Keraḷa llamado Guruvāyūr

habitación de pūja: habitación reservada para el culto y la meditación

haṭha yoga: posturas y estiramientos físicos para preparar el cuerpo, la energía y la mente para la meditación

himsa: violencia

Hanumān: un mono divino que es uno de los personajes de la epopeya Rāmāyaṇa, completamente dedicado al Señor Rāma; muchos lo adoran como Dios

īśvara praṇidhānam: entrega al Señor, el último de los cinco niyamas del sistema del aṣṭāṅga-yoga de Patañjali
japa māla: un collar de cuentas de oración usado para obtener concentración y llevar la cuenta al recitar el mantra
jijñāsu: persona que tiene jijñāsa, ardiente anhelo de conocer la Verdad / a Dios
jīvanmukta: quien ha llegado al estado de jīvanmukti, liberación de todo dolor mientras se está vivo
jīvātma-paramātma-aikya-jñānam: el conocimiento de que la conciencia del individuo es la misma que la conciencia universal
jñāna: conocimiento, en especial en relación con el ātma
jñāna yoga: la práctica de aprender y asimilar las verdades espirituales tal como se las enseña a un discípulo un maestro vivo
jñānendriya: (jñāna + indriya) "órgano de conocimiento", los órganos sensoriales (orejas, ojos, nariz, lengua y piel)
kabaḍi: un deporte indio, en el que dos equipos ocupan dos campos opuestos y se turnan enviando un "asaltante" al otro campo. El asaltante intenta volver a su propio campo, conteniendo la respiración durante todo el asalto.
kārika: comentario en verso
karma: acción
karma yoga: una actitud mantenida al realizar acciones y recibir sus resultados, por medio de la cual se trascienden los gustos y las aversiones
karma yogi: persona dedicada al karma yoga
karmendriya: (karma + indriya) órgano de acción (manos, piernas, lengua, órgano de reproducción y órgano de evacuación)
kaṣāya: la incapacidad de lograr plena absorción en la meditación por los deseos que permanecen en la mente subconsciente
kottu kallu kaḷi: un juego de niños parecido a la taba
Kṛṣṇa: una encarnación de Dios en forma humana que nació en el norte de la India hace unos cinco mil años

Kṛṣṇa Bhāva: una forma especial de darśan en la que Amma se vestía y actuaba como Kṛṣṇa
lakṣya bodha: conciencia constante de la meta
Lalita Sahasranāma: una letanía de mil nombres de la Madre Divina que describen sus virtudes y sus atributos
laya: disolución; sueño, un obstáculo para la meditación
līla: juego divino, ver la vida como un juego y actuar desapegadamente
loka saṁgraha: levantar el mundo, las acciones de una alma con conocimiento del Ser solo se realizan para eso
manana: la segunda etapa del jñāna yoga, eliminar todas las dudas mediante la reflexión y hacerle preguntas al guru
mantra dīkṣa: iniciación a un mantra
Manuṣya Yajña: cuidar a los otros seres humanos como forma de adoración, uno de los pañca mahā-yajñas
Mahābhārata: una inmensa epopeya escrita por el sabio Veda Vyāsa en la que se encuentra la Bhagavad-Gīta
mahātma: (mahā + ātma) gran alma, un guru, santo, sabio, etc.
mā: una sílaba que simboliza el amor divino, que se usa en la Meditación Mā-Om de Amma
Meditación Mā-Om: una técnica de meditación creada por Amma en la que se sincronizan la inspiración y la espiración con las sílabas mā y om, respectivamente
meditación saguṇa: meditación en un objeto con cualidades
mānasa pūja: realizar adoración formal o informal mentalmente
mārga: camino
mārmika: un maestro en la ciencia de los puntos vitales de presión
māya: ilusión, lo que solo tiene existencia temporal, lo que es cambiante
meditación nirguṇa: meditación en el ātma, el Ser, que no tiene ninguna cualidad
mokṣa: liberación
mumukṣutvam: intenso deseo de liberación
Nārāyaṇa: un nombre del Señor Viṣṇu

Naṭarāja: (naṭa + rāja) “el rey de la danza”, un nombre del Señor Śiva

nididhyāsana: el aspecto tercero y final del jñāna yoga, la asimilación de lo que se ha aprendido

niṣiddha karma: acciones prohibidas por las escrituras

niśkāma karma: acciones realizadas sin deseo egoísta

niyama: determinadas disciplinas exigidas a un yogi, el segundo paso del sistema del aṣṭānga-yoga de Patañjali

Om: una sílaba que simboliza a Dios tanto con forma como sin forma; la esencia de los Vedas

pāda pūja: adoración ritual en el que se lavan los pies (que simbolizan el conocimiento del Ser) de un mahātma con oblaciones que incluyen agua de rosas, ghi, miel, yogur, leche de coco y miel

padmāsana: (padma + āsana) “postura del loto”, una postura sentada de meditación en la que cada pie reposa sobre el muslo de la pierna contraria

pañca mahā-yajñas: las cinco grandes formas de adoración que según el Veda debe realizar el seglar diariamente hasta que toma sannyāsa o muere

pāpa: el demérito en que se incurre mediante acciones egoístas que perjudican a los demás

parampara: linaje, en especial una línea sucesiva de gurus y discípulos

Patañjali: un sabio del siglo I o II a. C., autor de los Yogasūtras así como de importantes textos de gramática sánscrita y ayurveda (medicina tradicional india)

pīṭham: el asiento sagrado en el que se sienta tradicionalmente el guru

Pitṛ Yajña: ofrenda a los antepasados difuntos y cuidar de nuestros mayores como forma de adoración, uno de los pañca mahā-yajñas

prāṇa: la fuerza vital, respiración

praṇām: postrarse en señal de humildad y respeto, o también realizar el añjali mudra o tocar los pies con reverencia

prāṇa vīkṣaṇa: observar la respiración
prāṇāyāma: (prāṇa + āyāma) "alargar la respiración", indica métodos de control de la respiración usados para mejorar la salud y para conseguir concentración en la meditación, el cuarto paso del sistema del aṣṭāṅga-yoga de Patañjali
prārabdha karma: resultados de las acciones realizadas en el pasado que van a dar fruto en la vida actual
prasād: una ofrenda consagrada, cualquier comida dada por el guru
pratyāhāra: retirada de los sentidos de los objetos sensibles, el quinto paso del sistema del aṣṭāṅga-yoga de Patañjali
pūja: culto, adoración ritual
puṇya: mérito, el resultado invisible de las acciones realizadas con nobles intenciones que benefician a los demás
rāga: escalas modales de la música clásica india; apego
Raṅganāthan: una forma del Señor Viṣṇu instalada en un templo de Tiruccirapaḷḷy, en Tamil Nādu
Ramaṇa Maharṣi: un mahātma que vivió en Tamil Nādu de 1879 a 1950
rasāsvada: (rasa + asvada) "saborear la dicha", un obstáculo para la meditación
ṛṣi: un maestro con conocimiento del Ser, a menudo se refiere a los sabios antiguos que fueron los primeros en dar voz a los mantras y las verdades de los Vedas
sadguru: un maestro espiritual iluminado
sagarbha prāṇāyāma: sincronizar la respiración con la recitación de mantras
sahaja samādhi: "samādhi natural", absorción permanente de la mente en la conciencia, basada en el conocimiento de que la conciencia es la única esencia de todo
sakāma karmas: acciones realizadas como medio para lograr algún fin material
sakha: amigo
samādhāna: concentración unidireccional

samādhi: absorción total y sin esfuerzo en el campo de meditación elegido, el último paso del sistema del aṣṭāṅga-yoga de Patañjali
samskāra: cualidades mentales inherentes en uno desde el nacimiento procedentes de vidas anteriores; ritos de paso hinduistas
Sanātana Dharma: un nombre del hinduismo que significa "el Modo de Vida Eterno", una vida basada en el dharma. Sus principios son universales y eternos.
saṅgha: comunidad
Sant Jñāneśvar: santo del siglo XIII de cerca de Pune, que escribió un famoso comentario de la Bhagavad-Gīta
saṅkalpa: una poderosa resolución; una idea
sañcita karma: las reservas totales de karma todavía no manifestado de un individuo
sandhyā-vandanam: una serie de oraciones y postraciones rituales realizadas por los hinduistas ortodoxos, especialmente los brāhmaṇas, a la salida y la puesta del sol
sannyāsa āśrama: la cuarta y última etapa de la vida védica tradicional, en la que se renuncia a todas las relaciones para hacerse monje
sannyāsi: alguien que ha sido iniciado en sannyāsa, el monacato
santoṣam: contento, el segundo de los cinco niyamas del sistema del aṣṭāṅga-yoga de Patañjali
satsaṅg: una charla espiritual; pasar tiempo en la presencia de santos, sabios y otros buscadores espirituales
satya: verdad, el segundo de los cinco yamas del sistema del aṣṭāṅga-yoga de Patañjali
sādhana: un medio para un fin, una práctica espiritual
sādhana catuṣṭaya sampatti: las cuatro capacidades necesarias para el conocimiento del Ser: viveka, vairāgya, mumukṣutvam y śamādi ṣaṭka sampatti
Sādhana Pañcakam: un texto de cinco estrofas escrito por Ādi Śaṅkarācārya que enumera cuarenta instrucciones espirituales
sākṣi bhāva: comportarse con la actitud de un testigo tanto respecto al mundo exterior como a las funciones mentales

śama: control de la mente

śamādi ṣaṭka sampatti: "las seis capacidades empezando por śama (control de la mente)": śama, dama, uparama, titikṣa, śraddha y samādhana

sāri: vestido tradicional de las mujeres indias

śarīra-traya viveka: discernimiento entre el ātma y los tres cuerpos (tosco, sutil y causal)

śāstra: escritura

śāśvata: eterno, intemporal

śaucam: limpieza, el primero de los cinco niyamas del sistema del aṣṭāṅga-yoga de Patañjali

seva: servicio desinteresado

Śiva: una forma de Dios que simboliza o la fuerza cósmica de la disolución o la Divinidad suprema, dependiendo del contexto; la conciencia; buenos auspicios

śraddha: (sánscrito) actuar por fe / confianza en el guru y las escrituras; (malayāḷam) vigilancia respecto a las propias acciones, palabras y pensamientos

śravaṇa: escuchar enseñanzas espirituales, el primero de los tres pasos del jñāna yoga

Śrīmad Bhāgavatam: el Bhāgavata Purāṇa, un texto atribuido a Veda Vyāsa que describe distintas encarnaciones del Señor Viṣṇu, incluyendo la vida de Kṛṣṇa

Śuka Muni: el hijo iluminado de Veda Vyāsa

sūtra: un aforismo, conocimiento condensado en breves estrofas

svādhyāya: estudio del Ser, es decir, estudiar escrituras que traten sobre el Ser, el cuarto niyama del sistema del aṣṭāṅga-yoga de Patañjali

tabla: tambor indio que se toca con las manos

tamas: el guṇa [cualidad] del letargo, la ignorancia y la pereza

tapas: austeridad, el tercero de los cinco niyamas del sistema del aṣṭāṅga-yoga de Patañjali

Técnica Integrada de Meditación Amṛta®: también llamada Técnica IAM® (Integrated Amrita Meditation Technique), es una técnica de meditación sintetizada por Amma y enseñada en todo el mundo por el Māta Amṛtānandamayi Math

titikṣa: la capacidad de mantener la paciencia y la ecuanimidad al pasar las distintas experiencias de la vida como el calor y el frío, el placer y el dolor, etc.

Upadeśa Sāram: "La esencia de la sabiduría", un texto sobre las prácticas espirituales y el Ser escrito por Ramaṇa Maharṣi

upaniṣad: enseñanza védica en la que se explica la naturaleza del Ser; la parte filosófica de los Vedas

uparama: cumplir firmemente el propio dharma

vairāgya: desapasionamiento, desapego

vānaprastha āśrama: la tercera etapa de la vida védica tradicional, en la que se abandona el hogar para llevar una vida de meditación en el bosque o en la ermita de un guru

Varuṇa Deva: el semidiós que preside el agua, específicamente los mares y la lluvia

vāsana: tendencias mentales, latentes o manifiestas

Veda: los textos primordiales del hinduismo. Son cuatro: Ṛg Veda, Sāma Veda, Yajur Veda y Atharva Veda. Cada Veda se divide aproximadamente en cuatro secciones: la sección saṁhita, la sección brāhmaṇa, la sección araṇyaka y la sección upaniṣad. Estas tratan, respectivamente, sobre la recitación de mantras, los rituales, la meditación y el conocimiento supremo. Los Vedas no están escritos por el ser humano sino que se dice han sido revelados por el Señor a sabios en lo profundo de su meditación. Originalmente los Vedas se estudiaban oralmente. No se codificaron y se escribieron hasta hace cinco mil años.

Veda Vyāsa: un sabio muy importante en la historia del hinduismo. Se le atribuye haber compilado los Vedas y ser el autor de los Brahma Sūtras, el Mahābhārata, el Śrīmad Bhāgavatam y muchos otros importantes textos hinduistas.

www.ingramcontent.com/pod-product-compliance
Lightning Source LLC
LaVergne TN
LVHW020352090426
835511LV00040B/3006